돈이 필요 없는 나라

돈이 필요 없는 나라

2018년 4월 25일 초판 1쇄 발행. 2021년 3월 15일 초판 4쇄 발행. 나가시마 류진(長島龍
人)이 쓰고 최성현이 옮겼으며, 도서출판 샨티에서 박정은이 펴냅니다. 편집은 이홍용이,
표지 및 본문 디자인은 김재은이 하였습니다. 표지 그림은 서선정이 그렸고, 인쇄는 수
이북스, 제본은 성화제책에서 하였습니다. 출판사 등록일 및 등록번호는 2003. 2. 11. 제
25100-2017-000092호이고, 주소는 서울시 은평구 은평로3길 34-2, 전화는 (02) 3143-
6360, 팩스는 (02) 6455-6367, 이메일은 shantibooks@naver.com입니다. 이 책의 ISBN
은 979-11-88244-06-5 03190이고, 정가는 15,000원입니다.

이 도서의 국립중앙도서관 출판시도서목록(CIP)은 e-CIP홈페이지(http://www.nl.go.kr/ecip)와 국가자료공
동목록시스템(http://www.nl.go.kr/kolisnet)에서 이용하실 수 있습니다.(CIP제어번호: CIP2018011325)

돈이 필요 없는 나라

나가시마 류진 지음 | 최성현 옮김

【샨티】

당신이 지금 하고 있는 일이 당신에게
정말 가치 있는 일인지 아닌지를 판단하는
아주 간단한 방법이 있어요.
그것은 가령 당신이 살고 있는 사회에서
돈이라는 것이 없어진다거나
그 일로 보수가 주어지지 않더라도
당신은 과연 그 일을
하고 싶으냐 아니냐 하는 것입니다.

일러두기

1. 이 책은 일본의 'NPO 법인 네트워크 地球村'에서 발행한 'お金のいらない国' 시리즈 제1권 《お金のいらない国》, 제2권 《お金のいらない国—結婚って?家族って?》, 제3권 《お金のいらない国—病院の役割は?》, 제4권 《お金のいらない国—學校は?教育は?》을 모두 번역하여 한 권에 담은 책입니다.

2. 번역본에는 원서에는 없는 내용이 부록으로 실려 있습니다. '부록 1: (노래) 돈이 필요 없는 나라'에는 '돈이 필요 없는 나라'의 모습이 노랫말과 그 풀이 속에 잘 요약되어 있으며, '부록 2: 돈이 필요 없는 나라 Q&A'에서는 저자가 어떻게 해서 이 책을 쓰게 되었는지, 또 '돈이 필요 없는 나라'가 현실적으로 불가능하다고 여기는 독자들의 여러 가지 의문에 저자가 명쾌히 대답하는 내용이 담겨 있습니다. 이 두 편의 글은 저자의 홈페이지에 있는 내용을 옮긴 것입니다.

3. 번역본에는 책의 내용을 훨씬 깊고 풍부하게 이해하는 데 도움이 될 자료들을 찾아서 본문 중간중간에 옮긴이 주로 붙여놓았습니다.

차례

돈이 없으면 안 된다고 굳게 믿고 있는 이 사회.

그러나 본래 동물은 공기와 물과 약간의 먹을 것만 있으면 살아갈 수 있습니다. 종잇조각이나 금속 파편에 지나지 않는 돈이 인간이 살아가는 데 없어서는 안 될 리 없습니다.

그러나 인간은 돈이 없으면 돌아가지 않는 사회를 만들고, 그 돈을 서로 빼앗으려고 수많은 고통에 헤아릴 수 없는 희생을 치르고 있으며, 나아가 하나밖에 없는 지구 환경까지 파괴하고 있습니다.

돈이 필요 없는 나라!

실현 불가능한, 꿈같은 이야기라고 할 수도 있습니다. 하지만 꿈꾸지 않으면 지구의 미래는 없습니다. 물론 지금 바로 돈을 없애기는 어려울 테지요. 하지만 한 사람이라도 더 많은 사람들이 돈의 본질을 깨닫고, 돈에 갇히지 않는 삶을 살아간다면 이 세상은 반드시 바뀌어갈 것입니다. 부디 희망을 가지시고,

돈이 필요 없는 나라가 이 땅 위에 이루어지는 데 힘을 모아주시기 바랍니다.

나가시마 류진長島龍人

제1장
돈이 필요 없는 나라의
사회

이 나라처럼 돈이 없어도
모든 걸 가질 수 있다면
누가 일하려고 할까요?
모두 놀고먹으려 들지 않을까요?

아니죠. 모두 놀기만 한다면
아무것도 손에 넣을 수 없으니까요.
모두 자기의 일을 합니다.
스스로 말이죠.

문득 정신이 들어 보니, 전에 본 적이 없는 거리였다.

'어디지, 여기는?'

빌딩이 늘어서 있고 자동차가 오가는 거리는 얼핏 보기에는 내가 살고 있던 곳과 크게 다르지 않았다. 하지만 내가 사는 곳이 아닌 게 분명했다. 하늘은 푸르고, 공기는 맑았다. 보이는 모든 곳에 숲이 있었고, 꽃이 피어 있었다. 여러 인종의 사람들이 섞여 있었다. 그런데도 놀랍게 모두 언어가 통하는지 즐겁게 이야기를 나누고 있었다. 그 모습에 잠시 얼이 빠져 있다 보니 일본인처럼 보이는 한 남성이 내게 다가와 말을 걸었다.

"어서 오세요. 기다리고 있었습니다."

검은색 양복을 멋지게 차려입은 그 남자는 40대 중반쯤으로 보이는 품위가 있는 신사였다. 하지만 누군지 전혀 기억이 나지 않았다. 당황해하는 내게 그가 말했다.

"자, 저와 함께 가시지요."

이유를 알 수 없었지만, 나쁜 사람 같아 보이지 않았기 때문에 나는 그의 뒤를 따라 걷기 시작했다.

역시 내가 살던 거리와 달랐다. 건물이나 자동차나 다 아름답고, 자연과 훌륭하게 조화를 이루고 있었다. 화려함이나 호화스러움은 없었다. 하지만 대단히 단순하고, 기능미機能美라고 할까 허세가 쏙 빠진 매우 호감이 가는 디자인과 컬러였다. 나는 거리를 둘러보며 걸었다.

어느 즈음에서 신사는 한 찻집 안으로 들어갔다. 넓지 않은, 작지만 예쁜 가게였다. 우리가 자리에 앉자 종업원이 메뉴판을 들고 왔다.

"어서 오세요. 무엇을 드릴까요?"

종업원은 고운 얼굴의 흑인 여성이었다. 신사는 내게 메뉴판을 주고 뭔가 주문하기를 바랐다. 나는 메뉴판을 보지 않은 채 말했다.

"아, 저는 커, 커피를⋯⋯"

신사는 그 종업원에게 메뉴판을 돌려주며 말했다.

"커피 두 잔 주세요."

신사의 따뜻하고 정중한 말투가 귀에 기분 좋게 남았다.

"알겠습니다. 잠시만 기다려주세요."

그녀는 밝게 웃으며 주방 쪽으로 사라져갔다.

잠시 침묵이 흐른 뒤 나는 신사에게 물어보았다.

"저……"

신사는 미소를 짓고 있었다.

"여기는 어디인가요?"

신사는 잠시 가만있더니 이윽고 말했다.

"글쎄, 어딜까요?"

"네?"

나는 어안이 벙벙했다. 이 사람, 사람 좋은 얼굴을 하고 있지만 속으론 날 놀리고 있는 게 아닐까? 도대체 무슨 속셈으로 나를 여기로 데려온 걸까? 나는 질문을 바꿔보았다.

"당신은 누구신가요? 저를 알고 있나요?"

신사가 웃으며 말했다.

"곧 알게 될 겁니다. 나쁜 짓 하지 않을 테니 지금은 저 하는 대로 맡겨보세요."

전혀 납득이 가지 않았지만, 한 번도 와본 적이 없는 곳에서 달리 길이 있는 것도 아니어서 나는 당분간 신사가 하는 대로 따르기로 했다. 그때 커피가 나와, 우리 둘은 말없이 커피를 마셨다. 신사는 변함없이 빙그레 웃고 있었다. 나는 사태를 종잡을 수 없었다. 하지만 커피는 정말 맛있었다. 잠시 뒤에 신사가 말했다.

"자, 슬슬 나가봅시다."

어디로 가는지 알 수 없었지만 나는 고개를 끄덕이고 자리에서 일어섰다. 그런데 신사는 계산을 하지 않고 그대로 가게를 나가려고 했다. 나는 놀랐다. 나에게 커피 값을 물게 할 속셈인가? 어떻게 하면 좋을지 몰라 당황스런 모습으로 나는 신사의 뒤를 따라 찻집에서 나왔다. 종업원이 불러 세우려니 생각했지만, 웬걸 그녀는 웃으며 우리를 보고 있었다. 더구나 그녀는 이렇게 말하는 게 아닌가!

"감사합니다. 다시 와주세요."

신사는 뚜벅뚜벅 걸어가고 있었다. 나는 생각했다. '아마도 저 가게는 이 신사의 단골 찻집일 거야. 커피 티켓 같은 걸 맡겨놓고 있는 게 틀림없어.' 그런 거라면 납득할 만했다. 그러나 모르는 사람에게 신세지는 게 불편해 나는 돈을 내지는 않더라도 어찌된 영문인지 물어라도 보기로 했다.

"저, 그게 얼마였나요?"

신사가 놀란 듯한 얼굴로 나를 쳐다봤다.

"얼마라니, 뭐가 말입니까?"

"아, 저, 커피 말입니다? 방금 마신……"

"방금 마신?"

"그래요, 그거. 나도 나눠 내게 해주세요. 그냥 있으면 마음이 불편해서요."

신사는 이상하다는 표정으로 다시 물었다.

"나누다니 무엇을 나눈다는 거죠?"

나는 조금 기분이 상했다. 역시 나를 놀리고 있는 게 분명했다. 아, 처음부터 메뉴판을 제대로 보고 주문을 했더라면 좋았을 것을.

나는 잘라 말했다.

"커피 값 말예요. 제 몫의 돈을 낼 테니 얼만지 알려주세요."

"돈……? 값……? 뭔가요, 그게?"

어이가 없었다. 이이는 어디까지 의뭉을 떨 생각인가? 정말 이해하기 어려운 사내였지만 신경 쓸 거 없었다. 내가 손해를 보는 것도 아니었기 때문이다.

잠시 뒤 신사는 커다란 회사 건물 같아 보이는 대형 빌딩 안으로 들어갔다. 나는 말없이 그의 뒤를 따랐다. 빌딩 안에서 우리는 몇 사람과 마주쳤다. 모두 신사에게 공손하게 인사를 했고, 신사도 일일이 답례를 했다. 나는 생각했다. '그랬나? 어딘지 관록이 있어 보인다고 생각했더니 이 사람 이 회사에서 높은 사람인가 보네. 그것도 사원들에게 사랑을 받고 있는 중역인가 봐. 아니, 어쩌면 사장인지도 몰라. 그랬다면 그렇다고 일찍 말해줬으면 좀 좋았을까? 그랬다면 커피 값 정도로 내가 마음을 쓰지 않아도 됐잖아? 어쨌든 좋은 사람을 알게 된 건 틀림없는 것 같아.'

✳

신사는 어느 방 앞에서 멈춰 섰다. 가까이 있는 긴 의자에 앉아 조금 기다려달라는 말을 남기고 신사는 방 안으로 들어갔다. 사장실 문치고는 좀 허술해 보인다는 생각이 들었지만, 보기보다 편안한 의자에 앉아서 나는 그가 나오기를 기다렸다.

잠시 뒤 문이 열렸다. 하지만 방에서 나온 이는 신사가 아니라 청소부였다. 그의 모습을 다시 본 나는 내 눈을 의심하지 않을 수 없었다.

"기다리시게 해서 죄송합니다."

그는 틀림없이 신사였다. 신사는 작업복 차림으로 전기 청소기처럼 보이는 기계를 끌고 내 앞에 서 있었다. 눈을 동그랗게

뜨고 있는 나를 보고 그가 말했다.

"무슨 일 있어요? 뭐 이상한 거라도?"

말이 안 나왔다. 나는 한참 뒤에야 입을 열 수 있었다.

"저, 저, 여기서 청소 일을 하십니까?"

신사는 당당한 표정으로 말했다.

"그래요. 저는 이 빌딩의 청소를 벌써 오래전부터 하고 있답니다."

나는 맥이 탁 풀렸다. 엄청난 부자 사장이거나 중역을 친구로 사귀게 되었다고 생각하고 있었는데……! 나는 솔직히 크게 실망했다. 그런 나를 아랑곳 않고 신사는 청소를 하기 시작했다. 성능이 매우 뛰어난 기계인지 소리가 전혀 나지 않았다. 신사가 말했다.

"제가 거리를 안내하고 싶지만, 저는 이제부터 여기서 한동안 청소를 해야 해요. 죄송하지만 혼자서 산책이라도 다녀오시면 좋겠습니다. 아니, 걱정하실 필요는 없어요. 이곳 사람들은 모두 아주 친절하답니다. 모르는 것이 있으면 누구에게나 마음 편히 물어보세요. 구경하다 지치면 그때 여기로 다시 돌아와 주세요. 전 당신이 돌아올 때까지 여기서 일하고 있겠습니다."

조금 불안했다. 하지만 거기 계속 앉아 있기도 뭐해서 나는 혼자 빌딩 바깥으로 나왔다. 거리는 아름답고 활기에 차 있었다. 그렇기는 했지만 정말 알 수 없는 곳에 내가 와 있는 게 분명했다. 도대체 여기는 어디란 말인가? 나는 잠시 거리를 오가는 행인들을 지켜보기로 했다.

정말로 온갖 사람이 다 있었다. 백인도 흑인도 황인도. 하지만 모두 사이가 좋은 듯 즐겁게 이야기를 나누거나 웃는 모습들이었다. 그걸 보고 있는 것만으로도 나는 행복했다. 어딘지 모르지만 좋은 곳이구나. 적어도 일본이 아닌 것만은 분명했다. 여러 인종이 섞여 있는 것을 보면 혹시 미국이 아닐까? 하지만 미국에 이렇게 평화롭고 아름다운 도시가 있을까?

나는 마음을 고쳐먹고 마침 내 앞을 지나가던, 직장 여성인 듯한 한 백인 여성에게 말을 걸어보았다.

"저, 여기가 어디인가요?"

그 여성은 환하게 웃기만 할 뿐 대답을 하지 않았다. 나는 '어이쿠!' 싶었다. 일본어로 말을 걸었던 것이다. 허둥지둥하며 영어로는 뭐라고 해야 하는지 생각해 보고 있는데 그 여성이 웃으며 대답을 해왔다.

"호호호, 어딜까요?"

그것이 전부였다. 그 말을 남기고 그 여성은 빠른 걸음으로 사라져갔다. 나는 어이가 없었다. 말이 통해 다행이라고 생각했는데, 그냥 가버리다니? 날 놀리는 건가? 그 신사도 그렇고, 좀 전의 여성도 그렇고, 왜 다들 시원하게 대답을 해주지 않는 것 일까?

✳

나는 말할 수 없이 기분이 나빴지만 문득 좋은 생각이 떠올랐다. 그렇다, 지도를 찾아보자. 지도를 보면 무언가 알 수 있을 게 분명했다. 마침 눈앞에 서점이 있어 들어가 보았다. 그러나 내 기대는 완전히 어긋났다. 분명히 이곳에 대한 지도는 있었다. 그것도 일본어로 되어 있어 문제없이 읽을 수 있었다. 이 도시가, 나라라고 해야 할까, 엄청나게 넓은 곳임도 알 수 있었다. 그러나 내가 바라던, 지구의 어디에 위치하는지는 지도 어디에도 나와 있지 않았다.

내 머리는 혼란스러웠다. 이런 이상한 일이 있을 수 있을까? 이렇게 큰 나라인데 내가 그 존재를 여태까지 몰랐다니! 이런 나라가 있다는 건 학교 지리 시간에도 배운 적이 없었다. 도대체 여기는 어디란 말인가? 혹시 지구가 아닌 다른 별인가? 이런 바보 같은! 지구 말고 인간이 살 수 있는 별이 있다는 말을 나는 아직 들은 적이 없잖아.

나는 힘없이 서점을 나왔다. 도무지 어떻게 된 일인지 알 수가 없었다. 대체 앞으로 어떻게 하면 좋단 말인가?

그때 레스토랑 하나가 눈에 띄었다. 아담한, 편안한 느낌의 가게였다. 나는 갑자기 허기가 느껴졌다. 자, 어찌됐거나 밥이라도 먹고 보자. 그러다 보면 뭔가 좋은 생각이 떠오를지도 모르지. 나는 레스토랑의 문을 열고 안으로 들어갔다.

종업원이 자리로 안내를 해주었다. 테이블에 앉아 메뉴판을 열어보았다. 자연 재료를 살린, 맛있어 보이는 요리가 많았다. 나는 설레는 기분으로 요리를 고르다 어떤 사실 한 가지를 발견하고 놀라지 않을 수 없었다. 가격표가 붙어 있지 않았던 것이다. 아뿔싸! 어쩌면 이 가게, 엄청 비쌀지도 모른다. 그러고 보니 이 테이블이며 의자며 모두 좋은 재료를 써서 만든 것 같고…… 큰일 났네. 어떻게 하면 좋나? 여기까지 와서 그냥 나갈 수도 없고. 그래, 어떻게 되겠지. 생각해 보면 이 나라에서 우리나라 돈을 쓸 수 있을 리는 없지만, 최악의 경우에는 가게 주인에게 양해를 구한 뒤 그 신사에게 돈을 빌리지 뭐.

나는 이런저런 걱정 끝에 그중 값이 가장 저렴해 보이는 음식을 골라 주문을 했다. 종업원은 친절하게 웃으며 주방으로 갔고, 얼마 뒤에 요리를 가져왔다. 그 요리가 테이블에 놓이자마자 나는 가격 따윈 잊고 맛있게 먹었다. 배도 고팠지만, 정말 맛있었다.

나는 상당히 허겁지겁 먹었던 것 같다. 다 먹고 나서야, 옆 테이블에 앉은 학생 차림의 백인과 흑인 여성 둘이 쿡쿡 웃고 있는 걸 알 수 있었다. 나는 조금 멋쩍어하며 바로 자리에서 일어났다.

자, 드디어 문제의 순간이 다가왔다. 과연 얼마나 나올까? 나는 가게 입구로 가서 계산하는 사람을 찾았지만 어디에도 보이지 않았다. 하는 수 없어 다시 안으로 들어가 종업원을 불러세웠다.

"저……"

"네, 무슨 일이세요?"

동양인 모습의 애교 있는 얼굴을 한 여종업원이 붙임성 좋게 일본어로 물었다.

"계산은 어디서 하나요?"

그녀는 대답은 하지 않고 의아해하는 얼굴로 나를 바라볼 뿐이었다. 손님이 많아 식당 안은 상당히 떠들썩했다. 그런 탓에 잘 알아듣지 못한 것 같아 나는 다시 한 번 천천히 물었다.

"계산은 어디서 합니까?"

그 여성은 곤란한 얼굴을 하고 작은 소리로 말했다.

"저, 여기는 그런 거 없습니다만······"

나는 기가 막혔다. 도대체 이 나라 사람들은 무슨 생각을 하고 있는 거지? 모두가 힘을 합쳐 외지 사람인 나를 놀려먹고 있지 않나? 나는 말없이 그 종업원을 매섭게 노려보았다. 그녀는 미안하다는 듯 고개를 숙였다. 그 모습이 가여워 보여 나는 되도록 상냥한 목소리로 다시 물었다.

"내가 먹은 요리의 가격을 알고 싶습니다. 모르면 돈을 낼 수 없잖아요?"

그녀는 얼굴을 들고 이상하다는 듯한 표정으로 말했다.

"저, 식사가 끝났다면 돌아가셔도 좋아요. 혹시 뭔가 더 드시고 싶은 것이 있다면 주문해 주시고요······"

그녀의 표정은 진지했다. 도저히 다른 생각이 있다고는 보이지 않았다. 어쩌면 진짜로 공짜인 것 같기도 했다! 여기는 자원봉사라도 하고 있는 곳인가? 하지만 거기 온 손님들은 아무도 생활에 어려움을 겪고 있는 사람들로는 보이지 않았다. 이유는 알 수 없지만, 어찌됐든 나는 종업원을 향해 빙그레 웃으며 한 손을 들어 보이고 가게를 나왔다. 그녀도 생긋 웃으며 배웅해 주었다. 뒤를 쫓아오지는 않았다.

나는 여우에게라도 홀린 듯한 기분으로 다시 거리를 걷기 시작했다. 진짜 공짜였다! 그렇다면 그 신사와 마신 커피 역시 공짜였을지 모른다. 왤까? 어떻게 무료로, 공짜로 마시고 먹게 해 줄 수 있는 것일까? 그때 무모한 가설 하나가 내 머리 속에 떠올랐다. '어쩌면 이 나라에서는 모든 것이 공짜인지 모른다!' 물론 나조차 그건 말도 안 되는 공상이라는 생각이 들었다.

나는 다시 걷기 시작했다. 커다란 슈퍼마켓이 나타났다. 좋다, 저곳에 들어가 보자. 여기서 무언가 사보면 모든 것이 분명해지겠지. 슈퍼마켓이 공짜로 물건을 나눠줄 리는 없지 않은가! 돈이 오가지 않는다면 거래는 이루어지지 않을 테니까.

들어가자마자 나는 계산대를 찾아보았다. 있었다. 대형 슈퍼마켓답게 입구 쪽에 계산대가 죽 늘어서 있었고, 어느 계산대나 뒤로 길게 손님들이 줄을 지어 서 있었다. 점원은 각 계산대에 둘씩 붙어서 부지런히 계산을 한 뒤 물건을 손님에게 내어 주고 있었다. 그럼 그렇지! 나는 비로소 안심하며 바구니 하나를 들고, 가까운 데 있는 물건들을 대충 골라 담은 뒤 한 줄의 맨 뒤에 가서 섰다.

계산대 쪽을 보고 있자니, 무언가 이상한 안도감 같은 것이 들었다. 그래, 그래야지. 이러지 않으면 이상한 거지. 어떻게 돈이 없을 수 있단 말인가!

줄은 점점 줄어들어 마침내 내 차례에 가까워졌다. 나는 계산대의 점원과 손님을 지켜보았다. 점원 두 사람 중 한 명은 바구니에 담긴 물건을 꺼내 하나씩 체크했다. 다른 한 명은 체크가 끝난 물건을 봉지에 담아 손님에게 넘겨주었다. 그뿐이었다. 손님은 점원이 내주는 봉지를 들고 그대로 가게 밖으로 나갔다…… 돈을 주고받지 않았다.

내 머리는 하얗게 변했다. 나는 물건이 든 바구니를 내던지고, 그대로 슈퍼마켓을 뛰듯이 나왔다.

✳

어떻게 왔는지 기억이 없다. 정신을 차리고 보니 나는 신사와 헤어졌던 그 커다란 빌딩 앞에 서 있었다. 안으로 들어가자 신사는 아직도 청소를 하고 있었다.

"어땠어요? 모두 친절하지요?"

나는 뭐라고 대답해야 좋을지 알 수 없었다. 목소리가 나오지 않았다.

"그럴 겁니다. 좀 피곤하시죠? 잠시 기다려주세요. 곧 일이 끝납니다. 일이 끝나면 쉴 수 있는 곳으로 모시고 가겠습니다."

이번에는 도대체 어디로 간단 말인가? 하지만 어떻게 돼도 상관없었다. 피로와 체념 때문인지 졸음이 몰려왔다. 가까이 있는 소파에 쓰러지듯 앉자 곧바로 의식이 멀어져갔다.

발자국 소리에 깨어나 보니, 눈앞에 양복으로 갈아입은 신사가 서 있었다.

"좀 기다리셨죠? 자, 좋은 곳으로 모시겠습니다."

그곳이 어디냐고 물을 생각도 들지 않아 나는 말없이 신사의 뒤를 따랐다. 바깥으로 나온 그는 도로 한쪽에 있는 계단을 따라 지하로 내려갔다. 지하철 입구였다. 역무원이 있었지만 아니나 다를까 개찰구는 없었다. 얼마 뒤 플랫폼으로 전동차가 들어왔다. 전동차는 소리 없이 멈춰 섰고, 문이 열렸다.

전동차 안에는 방해가 안 될 정도의 크기로 음악이 흐르고 있었다. 음악 소리는 아주 기분 좋게 내 피로를 풀어주었다.

한 역에서 신사가 내리기에 나도 뒤따라 내렸다. 지상으로 나와 보고 나는 놀라지 않을 수 없었다. 전동차를 오래 탔다는 느낌이 전혀 들지 않았는데, 눈앞에 보이는 풍경은 전혀 다른 세상 같았다.

웅대한 자연 풍경 안에 한적한 주택가가 펼쳐져 있었다. 호화로운 저택이라고는 할 수 없지만, 각자 개성 있는 외관을 한 집들이 적당한 간격을 두고 서 있었다.

이미 해가 지고 있었다. 가로등 불빛이 길이랑 집들을 부드럽게 비추고 있었다.

신사는 그중 한 집 앞에 멈춰 섰다. 여기가 이 신사의 집인가? 좋은 곳에 데리고 가겠다더니, 자기 집에 초대를 한다는 말이었구나!

신사가 문을 열었다. 현관 등에 저절로 불이 들어왔다. 신사가 내게 말했다.

"자, 들어오세요."

나는 현관에 들어섰다. 대단히 분위기가 좋은 집이었다. 천장이 높고, 벽에 걸려 있는 그림도 내 취향에 맞았다. 신사는 그중 한 방의 문을 열고 나를 불렀다. 안으로 들어서며 나는 놀랐다. 밖에서 보고 상상한 것보다 훨씬 방이 넓었기 때문이다. 거기는 거실이었다.

그 방 한가운데로 여러 사람이 앉을 수 있는, 넉넉하고 편안해 보이는 소파와 테이블이 놓여 있었다. 세련된 찬장에는 술처럼 보이는 고급스러운 음료수 병과 색다른 모양의 유리컵이 놓여 있었다.

그러나 무엇보다도 내가 놀란 것은 신사가 스위치를 켜자 벽에서 나타난 거대한 화면의 텔레비전이었다. 특수 안경을 끼고 있는 것도 아닌데, 꼭 캐릭터들이 실제로 살아 움직이는 것처럼 보이는 동영상이 박진감 넘치게 펼쳐졌다. 내가 알고 있는 어떤 입체 영상보다 훨씬 뛰어났다.

신사는 어안이 벙벙해 있는 나를 웃으며 바라보고 있었다.

"어떻습니까?"

"훌, 훌륭합니다."

신사가 말했다.

"오늘부터 여기가 당신의 집입니다."

내 집!? 이 집이!? 나는 감동하여 아무 말도 할 수 없었다.

"앞으로는 이 집에서 지내세요."

나는 입을 벌린 채 그저 고개를 끄덕일 뿐이었다. 신사는 안심한 듯이 웃으며 다른 방들도 안내해 주었다. 좌우간 대단한 집이었다. 자꾸만 일어나는 생각들로 내 머리는 폭발해 버릴 것만 같았다.

얼추 방들을 다 돌아보고 나서 우리는 거실로 돌아왔다. 신사는 찬장에 늘어선 병 가운데 하나와 유리컵 두 개를 꺼내 마실 것을 만들어주었다. 우리는 커다란 소파에 앉아서 건배를 했다. 그 음료수는 내가 알고 있는 술 종류와는 조금 달랐다.

달지도 않으면서 마시기 좋았고, 무어라 형언하기 어려운 향기가 났다. 몸에도 좋을 것 같았다. 아무리 마셔도 취하지 않을 것 같은 느낌마저 들었다.

나는 한동안 아무 말 없이 음료수만 마시고 있었다. 신사는 여전히 미소를 띤 채 나를 지켜보고 있었다.

한 순간 내 머리 속에 소박한 질문 하나가 떠올랐다. 나는 돈을 받지 않은 레스토랑이나 슈퍼마켓이 궁금했다. 나는 주뼛거리며 물었다.

"저기…… 이 나라에는 돈이라는 것이 없습니까?"

신사는 의아해하는 얼굴로 물었다.

"돈……이요?"

신사가 말을 이어갔다.

"저는 그게 무엇인지 모르겠는데요."

어느 정도 예상했던 대답이기는 했지만, 역시 이렇게 얼굴을 마주하고 들으니 놀라지 않을 수 없었다. 나는 바지주머니 속에 있던 지갑에서 지폐 한 장과 동전 한 개를 꺼내 테이블 위에 놓았다.

신사는 그것들을 흥미롭다는 듯이 살펴보며 물었다.

"때가 낀 이 종잇조각과 금속 파편이 돈이란 겁니까? 도대체 이걸 어디에 쓰나요?"

나는 답을 하기 어려웠다. 돈이 존재하지 않는 세상에 사는 사람에게 어떻게 돈을 설명하면 좋단 말인가? 어찌됐든 한 마디로는 어려웠다. 나는 생각나는 대로 이야기를 해보기로 했다.

"우리 사회에서는 무슨 일이든 일을 하면 이걸, 이 돈이라는 걸 받을 수 있습니다. 그리고 물건에는 모두 가격이 붙어 있어서 가게에서 물건을 사거나 먹거나 하면 정해진 금액의 돈을 반드시 지불해야 합니다. 뭔가를 산다는 것은 그것과 돈을 바꾼다는 뜻이기도 한데, 아무튼 무엇을 하든지 돈이 필요하답니다. 우리 사회에서는 돈이 없으면 살아갈 수 없어요."

신사는 이해할 수 없다는 듯한 얼굴로 내 말을 듣고 있었다. 나는 계속해서 말을 했다.

"제가 사는 곳에서는 누구나 일을 해서 돈을 벌고 또 그 돈을 쓰면서 생활합니다. 그러기 때문에 일을 더 많이 한 사람은 더 많은 돈을 벌어서 남보다 더 부유하게 살 수 있지요. 간혹 아주 불공평한 일도 있어서 일하지 않고 엄청난 돈을 버는 사람도 있기는 하지만요…… 하지만 대개는 자신이 번 돈의 범위 안에서 생활을 하게 되어 있습니다. 그것이 우리의 시스템이에요. 그러니까 우리 사회에서는 돈이 꼭 필요합니다."

여기서 신사가 내 말을 막았다.

"잠깐이요. 그게 말하자면 이런 거네요. 당신네 사회 사람들은 돈이란 것이 없으면 자신의 욕망을 컨트롤할 수 없다는?"

나는 대답할 말을 찾지 못했다. 어쩌면 그럴지도 모른다. 하지만 나는 반론을 폈다.

"어쩌면 그럴지도 모릅니다. 하지만 만약 이 나라처럼 돈이 없어도 모든 걸 가질 수 있고 먹을 수 있다면 누가 일을 하려고 하겠습니까? 날마다 놀고먹으려고 들지 않을까요?"

"아니죠. 모두 놀기만 한다면 아무것도 손에 넣을 수 없으니까요. 모두 자기의 일을 합니다. 스스로 말이죠."

"하지만 그런 사람도 많지 않겠습니까? 일하지 않고도 살아갈 수 있다면 자기 한 사람 정도는 놀기만 하면서 살아도 괜찮지 않느냐고, 그렇게 하는 사람이……?"

신사가 웃으며 말했다.

"여기에는 그런 사람이 없습니다.…… 제가 생각하기에는 당신은 그 돈이라는 것과 일을 지나치게 하나로 묶어서 생각하는 것 같네요."

"그렇죠. 저는 사람은 누구나 돈을 벌기 위해 일을 한다고 생각해요."

"여기서는 일이란 사회 봉사입니다. 세상을 위해, 남을 위해, 나아가 자신을 위해 일을 하지요. 모두가 일을 하지 않으면 사회는 돌아가지 않아요. 여기서는 당신이 말하는 돈이란 것을 받지 않고서도 열심히 일을 합니다. 그래서 여기서는 생활에 필요한 것은 무엇이나 사회로부터, 공동체로부터 얻을 수 있죠. 돈 없이 말이죠. 여기는 그런 시스템입니다."

나는 대충 이해가 가긴 했지만 그래도 반론을 펴지 않을 수 없었다.

"돈은 말이지요, 있으면 모아둘 수가 있습니다. 일을 해서 돈을 벌더라도 쓰지 않고 저금을…… 저금이란 돈을 모아두는 걸 말하는데, 저금을 해두면 나중에 필요할 때 언제라도 꺼내 쓸 수 있습니다. 많이 모아두면 호화로운 생활을 할 수 있어요. 즐겁게 살 수 있는 거죠."

신사는 이상하다는 듯한 표정으로 물었다.

"호화로운 생활이라니, 그건 어떤 건가요?"

"네에? 그게 뭐냐 하면…… 자신이 원하는 것은 뭐든지 구입할 수 있다거나, 맛있는 걸 많이 사서 먹는다거나……"

나는 심하게 더듬거렸다.

"이 나라에서는 필요한 것은 무엇이나 가질 수 있습니다."

"필요한 것 정도로는 부유한 생활이라고 할 수 없겠죠. 더는 자기에게 필요 없을 만큼 많이 가진다거나, 가격이 대단히 비싼 걸 살 수 있다거나……"

신사가 말했다.

"그런 필요 없는 물건을 가져서 뭐합니까? 그렇게 물욕을 좇아서는 한도 끝도 없지 않나요?"

확실히 그럴지 모른다. 하지만 질 수 없었다.

"하지만 저금을 해두면 나이가 들어 더 이상 일을 할 수 없을 때, 그때 크게 도움이 되죠. 돈 걱정 없이 살 수 있으니까요."

"우리는 아프거나 나이가 들어 일할 수 없는 사람에게는 모두 기쁜 마음으로 뭐든지 드립니다.…… 당신네 사회에서는 그런 사람이라도 돈이 없으면 아무것도 가질 수 없나요?"

나는 우리나라에서는 연금이 어쩌고저쩌고 하는 궁색한 이야기는 하고 싶지 않았다. 어쩌다 보니 내가 살아온 세계가 한없이 한심스럽게 생각되었다. 하지만 나는 저항하지 않을 수 없었다.

"도둑은 없나요? 도둑이란 남의 물건을 훔쳐가는 사람을 말합니다. 돈은…… 없으니까 훔칠 수도 없겠지만, 보세요, 당신이 가진 물건을 훔쳐간다거나 하는 사람은 여기에도 있을 거 아닙니까?"

"그런 사람도 없지만, 설령 있다고 해도 내가 가진 물건을 훔쳐서 뭘 한다는 건가요? 가게에 가면 언제나 새 것으로 가져갈 수 있는데."

혼돈스러웠다.

"그렇지만 제가 하는 일만 해도 견적서를 작성한다든지 수지 보고서를 작성한다든지 하는 돈과 관련된 일이 굉장히 많습니다. 거기에 은행이나 보험 회사는 어떻게 됩니까? 돈이 없다면 그와 관련된 일을 하는 사람들은 모두 일자리를 잃지 않을까요?"

"잠시만요. 저기, 제가 잘 알아들을 수 없는 말이 여러 개 나왔는데, 당신이 말하고 싶은 게 뭔지는 대충 알겠어요. 요는 그 돈이라는 것과 관련돼 생기는 업무, 혹은 직접 돈을 다루는 일을 하는 사람들은 돈이 없으면 일자리를 잃어버리지 않겠느냐는 질문이지요?"

나는 말없이 고개를 끄덕였다. 왠지 나 자신이 어린애라도 된 것처럼 부끄러웠다. 신사가 말했다.

"제 상상으로는 당신네 사회에서는 그 돈이란 것을 회전시키지 않으면 안 되기 때문에 거기에 대단히 많은 시간과 노력을 기울이고 있는 것 같네요. 바꿔 말하면 필요하지 않은 일을 위해 하지 않아도 되는 일을 아주 많이 하고 있는 것 같아요."

"그래요, 우리의 경우엔 돈이라는 것이 없으면 사회가 돌아가지 않아요."

"하지만 당신네 사회에서도 이 종잇조각과 금속 파편을 먹는다거나 직접 뭘 만드는 데 쓴다거나 하는 사람은 없지 않습니까? 교환의 도구일 뿐이지요? 물건의 가치를 모두가 공통으로 알기 위해 만든 하나의 기준에 지나지 않는. 그렇다면 예를 들어 지금 당신네 사회에서 이 돈을 한꺼번에 싹 없애도 아무런 문제가 없지 않을까요? 모든 사람이 지금까지 하던 그대로 일을 계속 해나가기만 하면 사회는 여전히 잘 굴러갈 게 틀림없지 않나요?

생각해 보세요. 당신네 사회에서 돈을 다루는 일에 종사하는 사람들이 한꺼번에 그 업무에서 모두 해방됐을 때 어떤 일이 벌어질지, 그리고 돈을 움직이기 위해 썼던 시간과 노력을 세상에 도움이 되는 일에 썼을 때 사회가 어떻게 바뀔지…… 돈과 관련된 일이 없어지면 오히려 훨씬 살기 편해질 것 같지 않나요?"

그럴까? 점점 그럴 수 있겠다는 생각이 들기도 했다. 만약 돈이라는 것이 없어진다면 돈에 관련된 문제들도 모두 사라질 것이다. 탈세라든가, 빚으로 인한 자살이든가, 절도라든가…… '돈 때문에' 일어나는 세상의 모든 모순이 사라질지 모른다. 어쩌면 세계의 수많은 사람들이 시달리고 있는 기아나 빈곤 문제도 사라질지 모른다. 그러나 나는 다시 신사에게 말했다.

"하지만 지금 우리 사회에서 돈이란 것이 사라져도 괜찮다거나 그래도 사회가 잘 굴러갈 것이라는 쪽으로는 조금도 상상이 안 됩니다. 그보다는 돈이 사라지면 분명 아무도 일을 하려고 들지 않을 거예요. 그러면 세상이 망하지 않을까요?"

신사가 웃었다.

"하하하. 이런 종잇조각이나 금속 파편 따위 때문에 세상이 파멸을 맞는다니 재미있네요. 분명한 것은 지금 당신네 사회 수준에서는 바로 돈을 없애려고 하는 게 무리일 수 있겠네요. 당신들은 정신적으로 더 성장할 필요가 있겠지요. 하지만 언젠 가는 우리와 같은 사회를 만들 수 있을 겁니다. 그것은 물론 지 금부터 당신들이 어떻게 하느냐에 달려 있겠지만요."

나는 더 이상 할 말이 없었다. 이야기의 수준이 지나치게 다 르다는 생각이 들었다. 신사가 이어 말했다.

"돈을 버는 게 일의 목적이라고 많은 사람이 생각하고 있는 한, 당신네 사회에서 진정한 의미에서의 진보는 없을 겁니다. 일 의 목적은 세상을 위한 봉사에 있어요. 세상에 도움이 되고자 일을 하는 겁니다. 보수가 목적이 아니라요. 보수를 바라게 되 면 반드시 어딘가 탈이 생겨요. 그렇게 되면 경쟁 사회가 됩니 다. 그것도 서로의 발전을 목표로 하는 것이 아니라, 단순히 서 로 발목을 잡는 꼴로 나아갈 게 뻔합니다."

나는 신사가 하는 말이 내가 살고 있는 사회의 아픈 부분을 너무도 정확히 지적하고 있어 놀라움을 넘어 두렵기까지 했다. 신사는 마지막으로 이렇게 말했다.

"당신이 지금 하고 있는 일이 당신에게 정말 가치 있는 일인지 아닌지를 판단하는 아주 간단한 방법이 있어요. 그것은 가령 당신이 살고 있는 사회에서 돈이라는 것이 없어진다거나 그 일로 보수가 주어지지 않더라도 당신은 과연 그 일을 하고 싶으냐 아니냐 하는 것입니다."

⁎

신사는 내게 자기 연락처를 적은 메모지를 건네준 뒤 작별 인사를 하고 떠났다. 자신의 집으로 갔으리라. 나는 더 이상 생각하기를 포기했다. 그만 쉬고 싶었다. 나는 몸이 녹아내릴 듯 편안한 침대 속으로 파고들어 갔다.

참으로 불가사의한 곳에 나는 와 있었다. 어떻게 해서 오게 되었는지는 짐작조차 가지 않았지만, 지내기에는 더없이 좋은 곳이니 어찌됐건 돌아갈 때까지는 즐겨보자는 생각이 들었다. 그런데 내일부터는 어떻게 할까? 좋아, 뭐든지 공짜이고 지내기에도 어려운 점이 없으니 여기저기 구경이라도 다니며 놀아볼까? 이런 생각을 하는 사이에 나는 잠 속으로 빠져든 듯하다.

달리 할 일이 없었기 때문에 나는 다음날부터 호화스러운 여행을 다니며 놀기 시작했다. 하지만 막상 해보니 노는 게 좋기만 한 것은 아니었다. 어떤 탈거리를 타든, 어디까지 가든, 무엇을 먹든, 어디에 들어가든 모두 공짜였기 때문에 어떤 불편함도 없고 자유스러웠다. 사람들은 모두 대단히 친절해서 내가 무엇을 물어도 정성껏 가르쳐주었고, 언어의 문제도 없었다. 누구와도 다 말이 통했다. 또한 어디를 가든 자연이 표현하기 힘들 정도로 생명력이 넘치고 아름다웠다. 미술관도 콘서트도 유원지도 내가 지금까지 가본 어느 곳과도 비교가 안 될 정도로 알차고 재미있었다. 나는 매우 즐거웠다. 벌써 여기가 어딘가 하는 생각조차 하지 않게 되었다.

그런 생활을 얼마나 계속했던 것일까? 조금도 물리지 않았지만 조금 개운치 않다고나 할까, 뭔가 찜찜한 기분이 내게 싹트기 시작했다. 그것은 '내가 이렇게 놀고 지낼 수 있는 것도 남들이 모두 일을 해주고 있기 때문이 아닌가? 만약 모두 나처럼 놀기만 하면 아무도 이런 생활을 할 수 없을 것이다. 게다가 나는 지금 이 사회에 전혀 도움이 안 된다. 아무리 우연히 와 있다고 하더라도 미안한 마음이 들지 않을 수 없다. 봉사를 받기 위해서는 나도 무언가 모두에게 도움되는 일을 하지 않으면 안 된다' 하는 생각이 든 것이다. 신사가 했던 말이 어떤 의미인지 이해가 갔다. 나는 신사가 준 메모의 연락처로 전화를 걸었다.

오랜만에 우리는 찻집에서 만났다. 신사는 변함없이 미소 띤 얼굴로 앉아 있었다. 내가 말했다.

"저기, 저, 일을 해보고 싶어서요. 제가 할 수 있는 일이 있다면 소개해 주시면 고맙겠습니다."

신사가 웃으며 대답했다.

"그래요? 역시 그런 기분이 들지요? 당신이 언젠가는 그런 말씀을 하실 줄 알고 있었어요. 그런 생각이 들지 않는 사람은 이 세계에 없을 겁니다."

나는 왜 일을 하고 싶은지 짧게 이유를 설명했다.

"좋아요, 좋아. 그런데 당신은 어떤 일을 해보고 싶은가요?"

나는 곤란했다. 무슨 일이 하고 싶은지, 그런 생각까지는 해보지 않았던 것이다. 잠시 생각을 해보았지만 달리 떠오르는 것이 없었다. 그저 내가 해온 일이 떠오를 뿐이었다. 나는 그 생각을 신사에게 말했다.

"저, 저는 우리나라에서는 광고 회사라고 하는 곳에서 광고 만드는 일을 했습니다. 상품 홍보를 맡는 회사였죠. 하지만 여기서는 그런 일이 없겠죠? 돈이라는 게 없는 곳이니까요?"

그러나 신사의 대답은 의외였다.

"있어요. 광고 회사는 얼마든지 있습니다. 왜 돈이 존재하지 않으면 광고도 없다고 생각하세요? 광고는 정보를 널리 알리기 위한 것 아닌가요? 신제품이 나오거나 뭔가 이벤트를 벌이더라도 광고하지 않으면 알 수 없는 거 아닙니까?"

그 말이 내 기분을 좋게 만들었다. 지금까지 내가 해온 일이 가치 있는 것으로 여겨졌기 때문이다. 그러나 한 가지 의문이 들었다. 나는 그것을 신사에게 말하지 않을 수 없었다.

"하지만 저는 여기에 온 뒤로 지금까지 한 번도 광고다운 광고를 본 적이 없어요. 거리에 광고 간판도 없고, 텔레비전에서도 광고는 일절 하지 않는 것처럼 보이던데요?"

"이 나라에서 광고는 어디까지나 그 정보를 알고 싶어 하는 사람만 봐요. 그렇지 않은 사람들에게는 노출이 안 되게 되어 있죠. 그래서 밖으로 광고를 내지는 않습니다. 하지만 텔레비전에는 광고 전용 채널이 있어요. 그것도 품목별로 자세하게 나뉘어져 있답니다. 언제나 원하는 품목의 광고를 볼 수 있게요."

신사의 말로는 이 나라 광고는 우리의 경우처럼 방송 도중에 끼워 넣어서 시청자들이 볼 수밖에 없게 만드는 방식이 아니라, 그 물건에 대해 알고 싶은 사람이 필요한 때에 볼 수 있게 되어 있다는 것이었다. 아하, 그런 건가! 나는 이 나라에 온 뒤로 모든 게 너무나 재미있어서 텔레비전 채널에는 관심조차 두지 않고 있었다. 집에 돌아가면 바로 찾아봐야지.

나는 신사에게 한 광고 회사를 소개받고, 그 회사 인사 담당자와 다음날 만나기로 약속을 잡았다. 그리고 그날은 집으로 돌아와 예의 거대한 입체 영상의 텔레비전을 켜 광고 전용 채널을 찾아보았다.

솔직히 말해 놀라지 않을 수 없었다. 파는 게 목적이 아니기 때문에 광고라고 해봤자 전할 내용만 담아서 대충 만들었을 줄 알았다. 하지만 모든 광고가 내가 우리나라에서 본 것들보다 훨씬 재미있고 설득력이 있었다. 하룻밤 내내 보아도 질리지 않을 것 같았다.

✳

다음날 나는 신사가 소개해 준 광고 회사를 찾아갔다. 회의실로 안내를 받았다. 얼마 안 돼 스물 일고여덟쯤 되어 보이는, 머리가 꽤 명석해 보이는 흑인 여성이 들어왔다. 아름답고 지적인 얼굴로 상냥하게 웃으며 그녀가 말했다.

"반갑습니다. 저는 이 회사 인사 담당자입니다."

잠시 그녀와 이야기를 나누는 사이 나는 졸지에 다음날 한 광고주와 미팅을 하러 가게 되었다. 광고 제작 미경험자는 직무교육센터 같은 데서 교육을 받는 것 같았지만, 내 경우는 우리나라에서의 경험이 있었기 때문에 먼저 일을 시켜보자고 생각한 듯했다. 그녀 혼자서 거기까지 결정할 수 있다는 것이 놀라웠다. 하지만 진정한 신뢰 관계가 형성되어 있는 곳이라면 그럴 수 있겠다는 생각도 들었다. 광고 제작은 나 혼자서만 하는 일도 아니고, 오리엔테이션도 다른 부서 사람과 함께 가는 것인데다, 오랜만에 몸을 푼다는 기분도 들어서 나는 걱정은커녕 오히려 가슴이 설렜다. 그 모든 것에 돈이 얽혀 있지 않다는 점도 기분을 매우 좋게 했다.

다음날 우리가 광고주 회사에 도착하자 그 회사 사람이 우리를 홍보팀의 회의실로 안내해 주었다. 우리보다 먼저 다른 광고 회사 사람들이 두 팀이나 와 있었다. 아니, 여기도 경합을 하나 하는 생각이 들자 나는 조금 긴장이 되었다. 하지만 함께 간 동료들은 그들과 친하게 인사를 주고받으며 거리낌 없이 자기 회사 일 등을 이야기 나누기 시작했다. 우리 사회에서는 경합 상대와는 좀처럼 말을 섞지 않기 때문에 솔직히 나는 놀라지 않을 수 없었다.

잠시 뒤 회의실에 광고주 쪽 사람들이 들어왔다. 두 사람이었다. 한 사람은 밝은 색깔의 슈트를 입은 40세 정도의 아시아계 여성이고, 다른 한 사람은 다정해 보이는 인상의 서른 살쯤 되어 보이는 백인 남성이었다. 두 사람은 테이블을 가운데 놓고 우리와 마주앉았다. 여성 쪽이 먼저 입을 열었다.

"오늘 바쁘신 가운데 이렇게 어려운 걸음을 해주셔서 고맙습니다. 이번에 저희 회사 연구개발부에서 오랜 기간 연구해 온 신제품이 마침내 출시되었습니다. 그와 관련해서 이 제품 광고를 어떻게 하면 좋을지 여러분의 지혜를 빌리고 싶네요. 잘 부탁드립니다."

신제품이란 신형 입체 텔레비전을 말했다. 나는 디자인을 조금 바꿨나 보다 생각하고 있었는데 실물을 보고는 깜짝 놀랐다. 내 집에 있는 것만 하더라도 이미 넘치도록 충분했는데, 이것은 더 엄청났다. 영상을 보는 것이 아니라 마치 실물이 거기 있는 것처럼 보여서, 나는 나도 모르게 손을 뻗어 화면을 만져보고 말았다. 물론 손은 들어가지 않았다. 하지만 화면과 나 사이에 투명한 막이 하나 있을 뿐이라는 느낌이 들 만큼 화면이 생생했다. 놀라고 있는 우리에게 두 사람은 신제품에 대해 상세하게 설명을 해주었다. 나는 이 텔레비전을 광고하면 그것을 본 모든 사람이 이 텔레비전을 가지려고 몰려들 것 같았다. 그만큼 신제품은 뛰어났다.

돌아오는 자동차 안에서 나는 옆에 앉은 동료에게 물었다.

"광고주치고는 상당히 신사적인 사람들이네요?"

그가 이상하다는 듯이 말했다.

"그래요? 저는 광고주란 당연히 그래야 한다고 생각하는데요."

조금 의외의 대답이라 나는 어리둥절했다.

"우리나라에서는 광고주는 대개 좀 으스대는 편이죠. 일을 주는 쪽이니까요."

그가 놀랍다는 듯이 말했다.

"아, 당신네 나라에서는 광고를 부탁하는 사람이 그렇게 해요? 이해할 수 없는 곳이네요."

나는 그 순간 할 말을 잊었지만, 조금 생각해 보니 납득이 갔다. 돈이라는 것이 없기 때문이었다. 돈이 있느냐 없느냐 하는 것이 사회의 상식까지 바꾸고 있었다. 나는 맥이 빠져 헛웃음이 났다.

그와 이야기를 하며 알았는데, 이 나라에서는 신제품이라는 것이 아주 드물게 나오는 듯했다. 디자인에서나 기능면에서나 모든 것이 거의 완벽한 수준에 와 있기 때문에 개량의 여지가 거의 없기도 했다. 또 이 나라 사람들은 신제품을 낸다면 혁신적인 개량을 할 필요가 있기 때문이라고 여겼다. 또 하나 놀라운 점은 이번 신제품조차도 광고를 한다고 해서 바로 손에 넣으려는 사람이 많지는 않을 거라는 얘기였다. 모두들 물건을 되도록 소중하게, 대개는 망가질 때까지 쓰다가 바꿀 시점이 되어서야 최신 제품으로 바꾼다고 했다.

이 나라 사람들이 일을 하는 목적은 어디까지나 봉사이지 보수가 아니었다. 그러므로 불필요한 일은 되도록 만들지 않는다고 했다. 내가 사치를 부리면 누군가가 더 일을 하지 않으면 안 되고, 거기에 귀중한 자원마저 없앤다는 것을 잘 알고 있기 때문이라고 했다.

우리 사회와는 얼마나 다른가! 우리 사회에서는 끝없이 신제품이 나오고, 돈만 있으면 달려가서 그것을 살 사람이 얼마든지 있다. 물론 여기만큼 물건 자체가 진보해 있지 않은 탓도 있겠지만, 그보다는 다들 눈앞의 것에 마음을 빼앗기고 새로운 것이나 유행에 지나치게 휘둘리는 탓이 아닐까? 또한 기업도 사람들이 그렇게 소비를 해주지 않으면 존속할 수 없다. 우리 사회는 그런 모순 위에 이루어져 있다. 왜 그렇게 되어버린 것일까? 무엇이 잘못되어 있는 것일까? 그런 걸 생각하고 있는 사이에 자동차는 회사에 도착했다.❖

❖ {옮긴이} 어느 날 한 지인이 휴대폰으로 긴 글을 보내왔다. 우루과이 대통령 무히카가 2012년에 브라질의 리우데자네이루에서 열린 국제 회의에서 한 연설문이었다. 기대하지 않고 읽었는데 감동적이었다. 그 내용은 다음과 같다.

"이곳에 오신 정부 대표와 관계자 여러분 모두에게 감사 인사를 전합니다. 저를 초청해 주신 브라질 국민과 지우마 호세프 대통령에게도 감사드립니다. 그리고 저보다 먼저 여기에 서서 연설한 훌륭한 연사들에게도 감사드립니다.

저는 이 자리에서 몇 가지 의문을 말씀드리고자 합니다. 오후 내내 우리는 지속가능한 발전과 빈곤을 없애는 문제에 대해 논의했습니다. 과연 우리의 본심은 무엇입니까? 현재 잘살고 있는 여러 나라의 발전과 소비 모델을 흉내 내자는 게 아닙니까? 여러분에게 묻습니다. 독일 가정에서 보유한 자동차와 같은 수의 차를 인도인이 소유한다면 이 지구는 어떻게 될까요? 우리가 숨 쉴 수 있는 산소가 어느 정도 남을까요?

더 명확하게 말씀드리겠습니다. 서양의 부유한 사회가 하는 그런 소비 행태를 세계의 70~80억 사람이 할 수 있을 정도의 자원이 지구에 있을까요? 그게 가능합니까? 아니면 언젠가 우리가 다른 논의를 해야만 할까요? 왜냐하면 우리가 사는 이 문명은 우리가 만든 것이기 때문입니다. 이 문명은 시장 경제와 경쟁이 낳았습니다. 그리고 무한한 소비와 발전을 요구하고 있습니다. 그리고 시장 경제가 시장 사회를 만들었습니다. 그리고 시장 경제가 자원을 찾아 세계 곳곳을 다니는 세계화를 만들었습니다. 우리가 세계화를 통제하고 있습니까, 아니면 세계화가 우리를 통제하고 있습니까? 이런 무자비한 경쟁에 바탕을 둔 경제 시스템 아래서 우리가 연대나 더불어 살아가자는 논의를 할 수 있나요? 어디까지가 동료이고 어디까지가 경쟁 관계인가요?

제가 이런 말씀을 드리는 이유는 이번 행사의 중요성을 비판하기 위해서가 아닙니다. 그 반대입니다. 우리 앞에 놓인 큰 위기는 환경의 위기가 아닙니다. 그 위기는 정치적인 위기입니다. 현대에 이르러 우리는 인류가 만든 이 거대한 세력을 통제하지 못하고 있습니다. 도리어 이 같은 소비 사회에 통제당하고 있다는 것입니다. 우리는 발전을 위해 태어난 것이 아닙니다. 우리는 행복하기 위해 지구에 온 것입니다.

인생은 짧고, 바로 눈앞에서 사라지고 맙니다. 생명보다 더 귀중한 것은 존재하지 않습니다. 대량 소비가 세계를 파괴하고 있음에도 우리는 고가의 상품을 소비하는 생활 방식을 유지하기 위해 인생을 허비하고 있습니다. 소비가 사회의 모토인 세계에서는 우리는 계속해서 많이 그리고 빨리 소비를 해야만 합니다. 소비가 멈추면 경제가 마비되고 경제가 마비되면 불황이라는 괴물이 우리 앞에 나타납니다.

대량 소비를 지속하기 위해서는 상품의 수명을 단축해야 하고, 가능한 한 많이 팔도록 해야 합니다. 즉 10만 시간을 사용하는 전구를 만들 수 있어도 1,000시간만 쓸 수 있는 전구만 팔아야 하는 사회에 살고 있는 것입니다. 그렇게 긴 시간을 사용할 수 있는 전구는 이런 사회에서는 좋은 물건이 아니기 때문에 만들어서는 안 됩니다. 사람들이 더 일하고 더 많이 팔 수 있게 하려고 '일회용 사회'를 지속해야 합니다.

우리가 악순환에 갇혀 있다는 것을 알고 계십니까? 이것은 분명히 정치 문제이고 지도자들은 이 문제를 해결하기 위해 다른 방법을 써서 세계를 이끌어가야 합니다. 동굴에서 살던 시대로 돌아가자는 것이 아닙니다. 시장을 통제해야만 한다는 것을 말씀드리는 것입니다. 제 부족한 식견으로 보면 우리가 맞닥뜨리고 있는 문제는 정치적인 것입니다.

먼 옛날의 현자들, 에피쿠로스, 세네카, 아이마라 민족(남아메리카의 안데스 산맥과 알티플라노 고원 지역의 민족)까지 이렇게 말합니다. '빈곤한 사람은 조금만 가진 사람이 아니고, 욕망이 끝이 없으며 아무리 많이 소유해도 만족하지 않는 사람이다.' 이것은 문화적인 문제입니다. 저는 국가의 대표자로서 리우 회의에 그러한 마음으로 참가하고 있습니다. 제 연설 중에 귀에 거슬리는 단어가 많이 있을 것이라 생각하지만, 수자원 위기와 환경 위기가 문제의 근본 원인이 아니라는 것을 알아주셨으면 합니다. 근본적인 문제는 우리가 만든 사회 모델인 것입니다. 그리고 반성해야 할 우리의 생활 방식인 것입니다.

제 동지들인 노동자들은 8시간 노동을 쟁취하기 위해 싸웠습니다. 그리고 지금은 6시간 노동을 만들어가고 있습니다. 하지만 6시간 노동을 하게 된 사람들은 다른 일도 하고 있어 결국 이전보다 더 오랜 시간 일하고 있습니다. 왜일까요? 오토바이나 자동차 등의 구매에 들어간 할부금을 갚아야 하기 때문입니다. 그가 그 돈을 갚고 나면 자신이 저처럼 류머티스 관절염을 앓는 노인이 되어 있고, 자신의 인생이 이미 끝나간다는 것을 깨달을 것입니다.

어떤 사람은 이렇게 묻습니다. '그것이 사람의 운명이 아닌가?'라고요. 제가 말하려는 것은 너무도 간단합니다. 개발이 행복을 가로막아서는 안 됩니다. 개발은 인류에게 행복을 가져다주어야만 합니다. 개발은 행복, 지구에 대한 사랑, 인간 관계, 아이 돌봄, 친구 사귀기 등 우리가 가진 기본 욕구를 충족시켜야 하는 것입니다. 우리가 가진 가장 소중한 자산은 바로 행복이기 때문입니다. 우리가 환경 문제 해결을 위해 싸울 때 우리는 환경 문제의 가장 핵심 가치가 바로 인류의 행복이라는 점을 기억해야 합니다. 감사합니다."

나중에 알았다. 무히카는 세상에서 가장 가난한 대통령으로 알려져, 국적을 초월해서 전 세계인으로부터 존경을 받고 있었다. 그는 퇴임할 때 65퍼센트의 지지를 얻은 성공한 대통령이기도 했다. 재직 당시 월급의 절반 이상을 가난한 사람을 위해 기부하고, 대통령 공관에 살지 않고 도심에서 벗어난 농장에서 아내와 함께 살았다고 한다. 꽃과 채소를 기르고, 운전수가 있는 고급차를 타는 대신 낡은 자신의 차를 스스로 몰고 출근을 했다고 한다.

———

며칠이 지나고 그 사이 몇 차례 팀 미팅이 거듭되었다. 회의에는 열기가 넘쳤고, 모두들 진지했다. 이익을 올릴 수 있는 안을 내야 한다는 부담 없이 회의한다는 게 말할 수 없이 신선했다. 우리는 즐겁고 알기 쉬운 광고를 기획하고 제작하는 데만 마음을 모을 수 있었다. 돈 문제가 빠지니 일이 더할 나위 없이 즐거웠다.

그러다 한 순간 나는 문득 궁금한 게 떠올라 동료에게 이렇게 물었다.

"광고를 해도 사람들이 곧바로 이 물건을 구입하려 들지 않고, 메이커도 그 때문에 곤란해 하지 않는데 무슨 이유로 광고를 하는 건가요?"

그가 말했다.

"그렇지 않아요. 바로 갖고 싶어 하는 사람도 있어요. 새로 그런 물건이 필요해진 사람이나 마침 바꿀 때가 된 사람이 반드시 있죠. 또 바로는 바라지 않더라도 모두 언젠가는 사용하게 될 테니까 그 제품에 대한 정보를 제공해 둘 필요가 있고요.

게다가 메이커 입장에서도 자기네 제품을 사람들이 좋아하지 않으면 회사 자체가 세상에 도움이 안 된다는 뜻이기도 합니다. 그러면 존재 가치가 없어지죠. 그런 회사는 존립이 어렵습니다. 필요 없는 물건만 만들던 회사 중에는 사라진 곳이 꽤 많아요. 남은 회사들은 서로 좋은 라이벌 관계 위에서 세상에 필요한 제품을 개발하기 위해 노력해요. 그런 가운데 기술이 점점 향상되고요."

"그렇다면 정보만 충실히 담은 광고로 충분하지 않나요? 굳이 광고를 재미있게 만들 필요는 없지 않을까요?"

"그것은 당신네 사회에서도 같을 겁니다. 광고는 엔터테인먼트를 요구해요. 딱딱한 것보다는 재미있는 것이 좋지 않나요?"

드디어 프레젠테이션의 날이 왔다. 우리 회사의 광고안은 내가 중심이 되어 기획을 했는데, 내가 보기에도 잘됐다 싶고 다른 사람들도 다 같은 생각이어서 자신이 있었다.

 광고주 회사에 도착하자 이번에는 전보다 넓은 회의실로 안내를 받았다. 나는 다른 두 회사에서도 사람이 와 있는 것을 보고 놀랐다. 우리나라에서는 보통 차례에 따라 시간을 달리해서 프레젠테이션을 하기 때문이다. 그렇게 하지 않으면 기다리는 시간이 길어졌다. 이상하게 생각이 돼 물어보니, 이 나라에서는 다른 광고 회사 입회 아래 합동으로 프레젠테이션을 한다는 것이었다. 갑자기 긴장감으로 몸이 굳어졌다.

 드디어 프레젠테이션이 시작되었다. 세 회사가 준비해 온 광고 안을 순서에 따라 커다란 화면에 띄우고 왜 그렇게 만들었는지 기획 의도를 설명했다. 다른 두 회사의 안도 매우 좋아 보여서 나는 조금 불안했다.

 세 회사의 설명이 모두 끝나자 광고주 쪽에서 한 사람이 말했다.

 "대단히 감사합니다. 세 안 모두 아주 훌륭하네요. 자, 그럼 지금부터 어느 안으로 정할지 세 회사가 함께 이야기를 나눠주시기 바랍니다."

 나는 귀를 의심했다. 우리보고 고르라고? 경합하는 세 회사가 함께 이야기를 나눠서⋯⋯? 우리나라에서는 프레젠테이션이 끝나면 광고 회사 사람은 돌아가고, 결정은 광고주 쪽에서 하는 것이 상식이다. 그러나 나의 놀람은 아랑곳하지 않고 세 회사 사람들이 바로 이야기를 시작했다.

틀림없이 모두 자기 회사의 안을 밀 테고, 따라서 대화가 난항을 겪으리라는 내 예상과 달리 우리 회사의 안이 만장일치로 채택되었다. 광고주 쪽 두 사람도 몹시 기쁜 듯이 웃으며 고개를 끄덕이고 있었다.

회사로 돌아오는 길에 자동차 안에서 나는 앞서의 그 동료에게 물었다.

"언제나 아까처럼 간단히 정해지나요, 이 나라에서는?"

"아니, 사실은 조금 더 이야기를 나눕니다. 오늘은 좀 짧은 편이었죠. 기획에서 상당한 차이가 났으니까요."

"그렇다고 하더라도 사람은 누구나 자기 것이 받아들여지기를 바라지 않을까요?"

"그거야, 자기 게 좋은 안 같으면 그렇겠지요. 하지만 더 좋은 안이 있다면 그쪽으로 정하는 게 좋지 않겠어요? 광고주를 위한 것이니까요."

나는 비로소 이해가 되었다. 이 나라 사람들은 어디까지나 세상을 위해, 다수를 위해 일을 했다. 자신의 이익 따위는 생각도 안 하고, 생각할 필요도 없는 것이다. 나는 다른 질문을 해 보았다.

"광고주가 최종안을 결정하지 않네요?"

그가 내 얼굴을 쳐다보며 이상하다는 듯이 말했다.

"비전문가에게 어떻게 결정을 맡깁니까? 그건 가혹한 일이죠. 최종안을 정하는 것도 광고 회사의 일 중 하나예요."

나는 그가 그 말을 너무나 당연하다는 듯이 하는 데 놀랐다.

"하지만 광고가 실패하면 어떻게 하나요? 역시 광고주가 고르도록 하는 쪽이……"

그가 웃기 시작했다.

"그건 무책임한 행동이 아닐까요? 괜찮아요, 광고주보다는 우리가 결정하는 쪽이 실패 확률이 적어요. 광고에 관한 한 우리가 더 잘 알고 있잖아요? 그리고 다들 우리를 신뢰해 주고 있고요."

나는 이것은 책임이 무거운 일이라는 생각이 들었다. 그리고 광고주를 곤란하게 만들지 않기 위해서라도 열심히 좋은 안을 내려고 고민하지 않을 수 없겠구나 싶었다. 하지만 다른 한편으로 일이 잘 안 됐다고 해도 아무도 먹고사는 걱정은 하지 않아도 되지 않느냐는 무책임한 생각도 들었다.

나는 어느새 이 회사의 구조를 거의 다 알게 되었다. 모든 것이 신뢰로 이루어져 있었다. 그리고 모두 자기 일보다는 어떻게 회사나 다른 사람에게 도움이 될까를 목표로 자신이 할 수 있는 일을 찾아서 하고 있었다. 또 사람들은 낭비를 하지 않고 필요한 물건만 최소한으로 갖고 생활하고 있었다. 그럼에도 우리 사회와 비교하면 모든 기술이 훨씬 더 발달되어 있었기 때문에 생활은 대단히 풍요로워 보였다.

하지만 그들의 생활 태도는 우리와 달랐다. 쓰레기는 거의 나오지 않았고, 자원은 대부분 재활용되고 있었다. 또 남보다 좋은 생활을 하고 싶다거나, 남보다 더 높은 사람이 되고 싶다거나 하는 사람도 없었다. 돈이 존재하지 않기 때문에 그런 사회가 될 수 있는 것일까, 아니면 그런 사람들이기 때문에 돈이 필요 없는 것일까?❖

❖ {옮긴이} 지은이는 자신의 홈페이지에서 이렇게 말하고 있다. "돈이 필요한 나라에 살고 있는 사람에게 '당신이 일하는 목적은 무엇이냐?'고 물으면, '1. 돈을 벌기 위해, 2. 먹기 위해, 3. 살기 위해, 4. 가족을 부양하기 위해, 5. 명예를 위해'와 같은 대답이 돌아올 것이다. 돈이 필요한 사회에서는 살기 위해 돈이 필요하다. 그러므로 그것

을 벌기 위해서 하고 싶지 않은 일이라도 하지 않으면 안 되는 경우가 많다. 또한 돈이 존재하기 때문에 필요해진 일도 많다. 일을 진행해 가는 상황에서는 돈이나 시간이 부족하거나 혹은 다른 회사와의 경쟁 따위로 스트레스를 받는 경우도 다반사이다. 하지만 돈이 필요 없는 나라의 주민에게 같은 질문을 하면 어떻게 될까? 그들은 첫 번째가 '남을 위해'라고 대답하지 않을까? 왜냐하면 돈이 필요 없는 나라에서는 먹기 위해서나 살기 위해서 일을 할 필요가 없기 때문이다. 그들에게는 남은 남이 아니고 나이다. 남에게 하는 것이 곧 내게 하는 것이기 때문이다. 그 다음으로 돈이 필요한 사회든 필요 없는 사회든 공통으로 나올 대답은 '그 일을 좋아하기 때문에, 사회에 도움이 되기 때문에' 등이 있을 것 같다."

⁂

순식간에 여러 달이 지나갔다. 나는 순조롭게 일을 계속 해나갔다. 이 사회의 생활 방식에도 완전히 익숙해졌고, 지인도 많이 생겼다. 모두 표리가 일치하고 솔직해서 안심하며 사귈 수 있는 사람들이었다. 대단히 쾌적하고 걱정할 게 하나도 없는 생활이었다. 내 마음으로부터도 언제부터인가 돈이나 지위에 대한 집착이 사라져갔다. 그러자 무거운 짐을 벗어버린 듯이 몹시 편안한 기분이 들었다.

　나는 오랜만에 신사를 만났다. 신사는 변함없이 미소를 지으며 내게 물었다.
　"건강해 보이네요. 어떻습니까, 일은?"
　"이런 충만감을 전에는 어디서도 맛보지 못했어요. 제가 할 수 있는 일을 즐겁게 하고 있고, 제가 세상에 도움이 되고 있다는 게 좋아서 늘 가슴이 뜁니다."
　신사가 웃으며 깊게 고개를 끄덕였다.
　"이렇게 좋은 곳이 있으리라고는 생각도 못했어요. 우리나라 사람들에게도 꼭 알려주고 싶어요. 그런데 도대체 어딘가요, 여기는?"
　신사는 한순간 곤혹스러운 표정을 지었지만, 곧 내 얼굴을 보며 빙긋이 웃으면서 말했다.
　"당신은 벌써 알고 계시지 않나요?"
　잠시 침묵이 흘렀다. 나는 신사의 얼굴을 바라볼 뿐 말이 나오지 않았다. 문득 뇌리에 '천국'이라는 말이 떠올랐다. 그 순간 지금까지의 모든 의문이 얼음이 녹듯 한꺼번에 풀리는 기분이었다.

문득 정신이 들었다. 익숙한 거리였다. 그곳은 틀림없이 내가 살던 곳이었다. 하늘은 스모그로 어둡고, 자동차의 경적 소리가 시끄럽게 들려왔다. 배기 가스에 기침이 났다. 나와 부딪칠 뻔한, 장바구니를 든 할머니가 성가시다는 듯 나를 흘겨보며 지나갔다.

나는 가까이 있는 찻집에 들어갔다. 종업원은 피곤한 기색으로 다가와 내가 앉은 테이블 옆에 섰다. 커피를 주문하자 말없이 주방으로 갔다가, 잠시 뒤 쟁반을 들고 왔다. 그녀는 커피 잔을 테이블에 성의 없이 내려놓았다. 커피가 접시에 조금 쏟아졌다. 한 모금 마셔보니 맛이 없었지만, 이전만큼 화가 나지는 않았다.

제2장
돈이 필요 없는 나라의 결혼과 가족

결혼? 호적?
여기서도 남녀가 함께 살거나
아이를 낳거나 하지만 그걸 제삼자가
인정하고 관리하는 시스템은 없어요.
당사자들 의사에 따라 이루어질 뿐.

......
그 문제 역시 돈과
연관이 있는 게
아닐까요?

돈......
이요?

✢

　문득 눈을 뜨니, 낯선 방의 침대에 내가 누워 있었다. 곧 생
각이 났다. 여기는 내 집, 돈이 존재하지 않는 나라에 잠시 살
았던 때의 내 집이었다.

　침대에서 벌떡 일어나 종종걸음으로 집 안을 둘러보았다. 눈
에 익은 가구와 조명, 응접실 벽에 내장된 입체 텔레비전도 켜
보았다. 모두 그때 그대로였다. 그리고 바깥으로 나갔다. 맑은
공기, 밝은 태양, 바람에 흔들리는 나무들, 새소리…… 자연과
인공물이 멋지게 조화를 이룬 그리웠던 풍경. 좋다. 다시 온 것
이다, 돈이 필요 없는 나라에.

　아침이었다. 거리를 걸어보았다. 산책하는 사람들, 일터로 나
가는 사람들…… 거리는 활기로 가득했다. 몇몇 아는 얼굴도
만났지만, 모두 내가 줄곧 거기 살기라도 한 것처럼 놀라지 않
고 가볍게 인사를 건네왔다. 온갖 인종의 사람들이 평화롭게

사는 나라. 마음이 편안해짐과 동시에 가슴으로 기쁨이 넘쳐흐르기 시작했다.

나는 신사를 만나고 싶었다. 곧바로 연락을 취해 오후에 만나기로 약속을 잡았다. 신사를 처음 만났던 장소에서 기다리기로 했다. 신사는 이번에도 역시 품위가 느껴지는 양복을 입고 나타났다.

"오랜만입니다. 잘 지내셨나요?"

나는 웃으며 대답했다.

"네, 하지만 우리나라에서는 아직 살기가 쉽지 않네요. 돈에 휘둘리지 않을 도리가 없으니까요."

우리는 전에 갔던 찻집으로 갔다. 전에 봤던 여종업원이 친절하게 주문을 받았다. 신사가 말했다.

"당신네 나라 사람들은 여전히 돈 중심의 생활에서 벗어나지 못하고 있나 보군요."

"네, 무엇을 하든 돈이 먼저입니다. 돈만 된다면 세상의 어떤 일이라도 할 수 있다고 생각하는 사람이 많아요. 돈은 물이나 공기처럼 자연 속에 존재하는 것이 아니고 인간이 생각해 낸 도구에 지나지 않는다, 그러니 우리는 분명 돈이 없어도 살아갈 수 있고, 그쪽이 우리 모두가 행복해질 수 있는 길이지 않겠느냐고 아무리 말해봐도, 사람들은 좀처럼 귀를 기울이려 하지 않아요. 아주 가끔 알아듣는 사람도 있기는 하지만요."

"오랫동안 습관적으로 해오던 생각을 바꾸기란 쉽지 않을 겁니다. 하지만 알아듣는 분들이 생겨난다면 그런 가운데서 조금씩 변화가 나타날 거예요. 꾸준히 이야기를 계속해 가시면 좋을 것 같아요."

"네, 언젠가 우리의 지구도 여기처럼 이상적인 사회로 만들고 싶어요. 시스템을 바꾸기까지 얼마나 시간이 걸릴지 알 수 없지만요."

신사가 말했다.

"저는요, 저번에 당신이 여기 왔을 때 처음 이야기를 듣고 돈에 관해 아주 큰 관심을 갖게 됐어요. 왜 돈이 필요하게 되었을까, 그건 어떤 시스템으로 움직이는 것일까…… 그래서 당신이 사는 지구에 관해 여러 가지로 조사를 해보았습니다."

"그래요? 뭐 알아낸 게 있나요?"

"네, 여러 가지로 놀랍고 재미있었어요."

"어떤 게 재미있었는데요?"

"예를 들면 말이지요, 경제라고 하는 것이 그랬어요. 돈이란 게 지불한 쪽은 줄고, 받은 쪽은 그만큼 늘어나지요?"

나는 웃었다.

"그거야 그렇죠. 물건을 거래한 것이니 당연한 일이라고 할 수 있죠."

"아니, 물건 거래를 빼고 생각해 보세요. 돈을 낸 쪽과 받은 쪽의 금액은 전체로 봤을 때 같은 액수입니다. 요컨대 플러스 마이너스 제로인 거죠."

한 번도 생각해 본 적이 없는 주제였지만, 맞는 말이었다.

"생각해 보니 그렇겠네요!"

"그렇죠? 전체적으로 돈은 늘 더하기 빼기 제로입니다. 그러니까 모두 플러스가 되는 일도 없고, 모두가 풍요로워지는 일도 없습니다. 그 시스템에서는 서로가 서로의 것을 빼앗고 있을 뿐인 거죠."

"그런가요? 말씀을 듣고 보니 그런 것 같네요. 우리 세계에서는 돈을 많이 번 사람을 성공한 사람처럼 여기고 있습니다만, 말씀을 듣고 보니 내가 돈을 벌면 누군가는 그만큼 잃은 것이라고 할 수 있겠네요. 하지만 그것은 경쟁 사회에서는 어쩔 수 없는 일 아닙니까?"

"돈 모으기 경쟁이요!?"

"네, 경제 사회란 게 그런 것 아닌가요?"

"하지만 그렇게 말할 수 있는 것은 풍요로운 나라만 염두에 두었기 때문일 겁니다."

나는 대답할 말이 없었다.

"제가 조사한 바에 따르면 당신네 나라를 비롯해서 몇몇 부유한 나라들에서 지구상의 거의 모든 돈을 가지고 있는 것 같더군요."

"네, 그래요. 나라에 따라 빈부의 차이가 상당히 큰 건 사실이죠."

"그 차이가 너무 크더군요. 아시지요? 가난한 나라에서는 먹을 것조차 없어 매일 수만 명이나 되는 어린이들이 굶어 죽어가고 있다는 거요."

"수만 명이나요?"

"네, 매일 4만 명 이상이 죽어가고 있어요. 하지만 당신네 나라에서는 매일 3천만 명분의 음식이 버려지고 있지요."

"네, 정말로요? 음식이 마구 버려지고 있다는 얘기는 들어 알고 있었지만…… 그렇게나 많이……!"

신사는 슬픈 얼굴로 말을 이었다.

"유감스럽게도 그게 사실입니다."

식은땀이 났다.

"경제가 더하기 빼기 제로인 점을 생각해 볼 때, 잘사는 나라가 풍요로워지면 가난한 나라는 그만큼 더 가난해진다는 말씀을 하시고 싶은 건가요?"

신사는 천천히 고개를 끄덕였다. 나는 한숨을 쉬었다.

"저는 풍요로운 나라는 그만큼 더 노력을 많이 했기 때문에 풍요롭다고 생각했는데요."

"분명히 노력을 많이 했겠지요. 하지만 그 정도로 빈부차가 크게 생긴 것을 보면 그 과정에서 정당하고 공평한 거래가 이루어졌다고는 생각하기 어렵지 않을까요?"

"네, 가난한 나라는 물가도 싸고 임금도 낮아요. 그렇게 보면 부자 나라에서는 상당히 유리한 조건에서 상품 거래를 해왔다는 것을 부정하기 어렵겠네요."

"부자 나라는 가난한 나라로부터 무얼 사든 싸게 사고 가난한 나라는 부자 나라에서 비싸게 사는 그런 일이 거듭되면, 빈부의 차는 점점 더 벌어질 수밖에 없겠죠."

"음, 그런……건가요?"

그렇게는 한 번도 생각해 본 적이 없었다. 하지만 이를 반박할 말도 떠오르지 않았다.

내가 말했다.

"하지만 우리 사회에서는 어느 정도 돈을 모아두지 않으면 불안해요."

"왜 그렇죠?"

"왜라뇨? 병에 걸리거나 노후에 일을 할 수 없게 된다거나 하면 수입이 없으니 걱정인 거지요."

"서로 더 많이 가지려고 하면 빈부의 차이가 생길 수밖에 없습니다. 하지만 돈은 도구에 지나지 않기 때문에, 여러분이 하기에 따라서는 누구에게나 공평한 시스템도 만들 수 있지 않을까요?"

"그러고 보면 우리 세계에서도 나라에 따라서는 학교나 병원이 공짜인 곳도 있기는 있습니다."

"오호, 그런가요! 그런데 그런 나라에서는 어떻게 그렇게 하고 있죠?"

"세금이 많아요."

"세금이요?"

"세금이란 내 수입에서 일정하게 떼어서 나라에 내는 돈을 말해요. 그런 나라는 세율이 50퍼센트 정도라고 해요. 하지만 그 나라 사람들은 그다지 불평을 하는 것 같지 않고, 잘돼 가는 것 같습니다.✦

❖ (옮긴이) 'KBS 다큐 5부작 자본주의'에서 경북대학교 경제통상학부 이정우 교수는 이렇게 말한다. "가장 발달한 복지 국가는 북유럽이죠. 북유럽 국가의 별명이 '탈脫상품 사회'입니다. 탈상품 사회가 무슨 말인가 하면, 우리가 알고 있는 상품으로 되어 있는 많은 재화나 서비스들이 북유럽에 가면 사고파는 게 아니라는 뜻입니다. 교육은 대학까지 무료죠. 의료와 보육 이런 것이 공짜입니다. 공짜니까 탈상품이죠. 상품에서 벗어난 그런 사회죠. 탈상품 사회니까 목돈이 별로 필요 없고, 그래서 재테크할 필요도 별로 느끼지 않을 겁니다. 한국은 불안한 사회니까 목돈이 언제 어디서 필요할지 모르거든요."

"그럼, 그런 나라를 따라하면 되지 않나요? 한 발 더 나아가서 세율을 아예 100퍼센트로 올려버리면……?"

"네?…… 그렇게만 할 수 있다면 틀림없이 우리나라도 돈이 필요 없는 나라가 될 수 있겠군요!"

"그렇죠? 어떤 일을 하든 그 일에서 생기는 소득을 다 나라에 넘기면 빈부 차이는 생기지 않겠죠."

"하지만 우리나라에서는 세금이 그렇게 잘 쓰이고 있다고는 할 수 없고, 남보다 부자가 되고 싶어 하는 사람도 많기 때문에 그러기는 어려울 겁니다."

내 말을 들은 신사가 웃었다.

"결국 빈부의 차이가 있는 게 좋다는 건가요? 당신네 나라 사람들은 돈에 지배받기를 좋아하는 것 같네요. 하지만 간단한 문제가 아닌 건 분명해요. 그런 시스템을 만들려면 전 국민의 이해가 필요하고, 신뢰할 수 있는 사람을 그 돈의 관리자로 세우지 않으면 안 될 테니까요."

신사가 이어서 말했다.

"당신네 문명은 최근 50년 사이에 과학 등에서 꽤 큰 발전을 이룬 것 같더군요."

"네, 경제를 확대해서 모두가 편리하고 쾌적한 삶을 누리게 하려고 노력을 많이 기울인 것 같아요."

"노력 자체가 문제라고는 할 수 없지만, 편리나 즐거움만을 목표로 한다거나 돈벌이가 목적이 되면 끝이 없겠죠."

"네, 우리나라를 비롯해 많은 나라가 이미 지나치다 싶을 만큼 편리한 생활을 하고 있고 물건도 필요 이상으로 많이 생산해서 유통하고 있습니다. 하지만 아직도 경제를 더 확대하려고 하고들 있지요. 기업이란 기업은 하나같이 매해 전년보다 더 많은 매상을 올리려고 필사적이고요."

"그것이 돈의 위력이자 두려움입니다. 한번 돈을 벌기 시작하면 도중에 그만두거나 한도를 줄여가는 게 불가능해지잖아요. 하지만 영원히 계속해서 늘려가는 것도 불가능하기는 마찬가지죠."

"저만이 아니라 모두가 어딘가 좀 이상하다는 느낌이 들기는 해요……"

"그렇게 무리하게 돌아가는 사회에서는 온갖 스트레스나 모순이 생기지 않겠어요?"

"네, 그런 것이 원인인 병도 점점 늘어나고 있는 것 같아요. 왜 그렇게 됐는지는 알 수 없지만, 우리는 돈벌이를 위해 별로 필요하지 않은 것도 만들어 팔지 않으면 안 되는 구조 속에 있어요. 적당히 사용하고 버리고, 그래서 자꾸 새로운 물건을 사야 하는 이상한 틀 안에서 우리는 살아가고 있지요."

"당신네 사회에서 행해지는 대량 생산, 대량 소비, 대량 폐기가 가난한 나라 사람들의 생명까지 빼앗고 있다는 걸 여러분이 모두 깨달았으면 좋겠습니다. 생명은 돈으로 바꿀 수 없는 것이에요."

나는 고개를 숙였다.

"우리는 무엇을 바라고 있는 걸까요?"❖

❖ (옮긴이) 저자는 자신의 홈페이지에서 이렇게 말한다. "돈이 없는 사회는 과연 가능할까요, 아니면 어림없는 일일까요? 중요한 것은 그것이 가능하냐 아니냐가 아니라, 당신이 지금 어떤 사회를 바라느냐입니다. 더 많은 돈을 벌기 위해 서로 다투고 빈부의 차이가 생기는 사회를 바라느냐, 아니면 돈이 존재하지 않는 모두가 평등한 사회를 바라느냐 하는 거지요. 만약 돈이 존재하지 않는 모두가 평등한 사회가 좋다고 여긴다면 그런 사회를 상상하고 그 이미지를 키워나가세요. 남들이 어떻게 생각하든 상관없습니다. 실현이 될지 안 될지도 관계없습니다. 중요한 것은 당신이 어떤 사회를 바라느냐입니다."

신사는 잠시 가만있다가 이야기를 이어갔다.

"돈은 말이지요, 본래 저축을 해서는 안 되는 것입니다. 모으는 사람이 없으면 가난한 사람도 생기지 않지요."

나는 깜짝 놀라 신사의 다음 말을 기다렸다. 신사가 말했다.

"그리고 하나 더, 여러분이 중대한 잘못을 범하고 있는 것이 있습니다."

"네? 그것이 뭐, 뭔데요?"

"여러분이 진보라고 하는 것의 이면을 한번 보세요. 돈을 벌기 위해 많은 것을 만들고, 사람들은 그걸 사서 쓰다가 결국은 버리게 돼요. 그러면서 지구의 자원이 대량으로 사라지고 자연환경은 크게 파괴되고 있지 않습니까?"

"네, 숲이 점점 줄어들고, 다른 자연 환경도 점점 더 살기 어려운 곳으로 바뀌고 있는 게 사실이죠."

"진짜로 중요한 것은 돈이 아니라 지구이고 자원이란 사실을 잘 아실 테지요. 돈은 사람들 사이를 돌아다닐 뿐 그 자체는 줄지도 늘지도 않지만, 자원은 한번 사라지면 다시 얻기 어렵습니다."

"그래요. 모두 자신의 가계에는 관심을 갖고 돈을 절약하지만, 자원에 관해서는 그만큼 관심을 두지 않고 살죠. 물론 재활용도 하고 있기는 하지만요."

"재활용은 필요하지만, 그 전에 할 일이 있어요. 필요하지 않은 것은 만들지 말아야 해요. 꼭 필요한 것만 만들어야 합니다."

"석유가 앞으로 수십 년 안에 바닥난다는 말을 자주 듣습니다만, 다들 어떻게 되겠지, 이제까지 그래왔던 것처럼 누군가 나타나 해결해 주겠지 하는 것 같아요."

"누가 무얼 해준단 말입니까?"

신사가 쓰게 웃었다.

"석유를 자꾸 쓴다는 것 자체가 애당초 대단히 위험한 일입니다."

"석유 사용 자체가 위험하다고요?"

"화석 연료를 태우면 이산화탄소가 계속해서 늘어나죠. 그런데 그 이산화탄소를 마셔주는 숲을 당신들은 자꾸 베어내고 있잖아요. 그것은 한마디로 자살 행위라 할 수 있어요."

"그 문제로 지구도 골머리를 앓고 있어요."

"이산화탄소가 너무나 급격하게 늘어나고 있다는 게 문제입니다. 사태가 아주 심각해요."

"아닌 게 아니라 이산화탄소가 늘어나면서 지구는 온난화로 고통을 받고 있어요."

"맞아요. 지구가 온난화되면 남극의 얼음이 녹으면서 바다의 수위가 상승하죠. 전부 녹으면 70미터쯤 상승합니다."

"70미터! 그렇게나 많이 늘어나나요?"

"전부 녹지 않고, 그냥 수 미터 정도만 상승해도 농지며 택지, 시가지 등이 다 물에 잠겨요. 먹을 것이, 농작물의 거의 대부분이 사라지게 되는 겁니다."

"살아남는다고 해도 결국은 굶어죽게 된다는 말이네요……"✤

❖ (옮긴이) 필립 코틀러Philip Kotler는 《다른 자본주의Confronting Capitalism》라는 책에서 돈이 중심이 되어 있는 사회, 곧 자본주의 사회의 단점을 다음과 같이 들고 있다. ① 지속적인 빈곤에 대한 해결책을 거의 또는 아예 제공하지 못한다. ② 소득과 부의 불평등이 더욱 심각해진다. ③ 수십억 명의 노동자에게 생활 임금을 지급하지 못한다. ④ 자동화 때문에 충분한 일자리를 제공하지 못할 수도 있다. ⑤ 기업들이 사업을 하면서 사회에 초래한 비용 전체를 부담하지 않는다. ⑥ 규제가 없을 때 환경과 천연자원은 남용된다. ⑦ 경기 순환과 경제 불안정을 유발한다. ⑧ 지역 사회와 공익을 희생시키고 그 대신 개인주의와 사리사욕을 강조한다. ⑨ 개인들이 과도한 부채를 짊어지도록 조장하고, 생산 중심의 경제가 아니라 금융 중심의 경제 구조를 이끌어낸다. ⑩ 정치인과 기업의 이익 단체가 결탁해 시민 대다수의 경제적 이익을 막는다. ⑪ 장기적인 투자 계획보다 단기적 이익을 얻을 수 있는 계획을 선호한다. ⑫ 상품의 품질과 안정성 문제, 과대광고, 불공정 경쟁 행위가 만연한다. ⑬ GDP 성장에만 집중하는 경향이 있다. ⑭ 시장에 적용되는 공식에 사회적 가치와 행복이 빠져 있다.

나는 암담한 기분이 들었다. 한참 말없이 앉아 있다가 문득 한 가지 생각이 들어 신사에게 따지듯 물었다.

"여기는 미래 세계죠? 그렇죠? 당신은 지구가 앞으로 어떻게 될지 알고 계시죠? 그렇다면 지구는 어떻게 하면 지금과 같은 위기에서 벗어날 수 있는지 그걸 좀 알려주세요."

"잠깐요. 여기가 미래 세계인지 아닌지는 대답하기 어려운 부분입니다. 하지만 저는 여러분이 사는 지구의 미래를 예측할 수 없는 것은 아니에요."

"역시 그렇군요. 그렇다면 알려주시면 좋지 않나요?"

신사가 내 얼굴을 바라보며 천천히 말했다.

"정말 그걸 알고 싶은가요?"

"네?"

막상 그렇게 물으니 대답이 궁했다. 신사가 말했다.

"우리에게는 대답할 수 없는 것도 있습니다. 그 전에 지구 그리고 여러분 자신을 어떻게 구원할 수 있느냐는, 당신도 사실은 알고 있겠지만, 여러분 스스로의 몫입니다. 당신은 이렇게 여기에 와서 많은 것을 봤습니다. 그러므로 앞으로 지구에서 어떻게 살아갈 것인지, 무엇을 해야 하는지를 스스로 생각하고 결정해야 합니다."

나는 인류의 미래를 내 등에 짊어진 것 같은 책임감이 느껴졌다. 그런 내 모습을 보며 신사가 말했다.

"염려 마세요. 현재를 바꾸면 미래도 바뀝니다." ❖

❖ (옮긴이) 저자는 자신의 홈페이지에서 돈이 필요 없는 나라에 이르기 위해서는 다음과 같은 과정을 거쳐야 한다고 말한다.

"첫 번째 단계: 돈의 본질에 대해 생각하는 사람이 늘어난다. 돈은 인간이 생각해 낸 도구이지, 공기나 물처럼 본래 사람이 살아가는 데 없어서는 안 되는 것이 아니다. 일은 돈을 위해 있는 것이 아니다. 현재의 금융 시스템에서 돈벌이 경쟁을 하면 결국 빈부의 차이가 생길 뿐이라는 걸 깨닫고 안다. 두 번째 단계: 돈이 존재하지 않는 세계를 꿈꾸고 그 이미지를 확장해 간다. 돈이 존재하지 않는 세계에서는 어떤 가치관으로 어떤 생활을 할지, 누구나 행복하게 살 수 있는 사회는 어떠해야 하는지를 사색한다. 그 결과를 더 많은 사람과 공유해 간다. 세 번째 단계: 돈의 사용 방법을 바꿔, 흐름을 좋게 만든다. 예를 들면 이자를 없앤다. 혹은 기한이 지나면 가치가 줄어들게 만든다. 100원이 시간이 지남에 따라 95원, 90원, 85원이 되게 한다. 아울러 돈은 필요 이상으로 모으지 않고, 번 돈은 누구를 위해 어떻게 쓸 것인가를 생각하고 그것을 모두가 실천한다. 네 번째 단계: 인류의 중심 가치가 바뀌며, 세계의 모든 빈부의 차, 환경 파괴가 사라진다. 세계의 기아 빈곤이 사라진다. 과도한 사치나 헛된 노동 등이 사라진다. 다섯 번째 단계: 돈이 있어도 좋고 없어도 좋다. 돈은 단순한 교환의 도구, 물질의 대용품으로 유통될 뿐이다. 여섯 번째 단계: 돈이 사라진다. 교환을 그만둠으로써 돈의 존재가 불필요해진다."

나는 개인적으로 돈이 필요 없는 세계를 실현하기 위해서는 다섯 번째 단계가 특히 중요하다고 생각하고 있다. 그 단계에서 금융 시스템의 변혁이 일어난다. 내버려둬도 이자가 붙는, 부자에게만 유리한 부자연스러운 구조가 사라지는 것이다. 다섯 번째 단계가 충분히 성숙되면 돈이 존재하지 않는 사회로의 이행은 무리 없이 이루어질 것이다. 그리고 여섯 번째 단계에서 교환이라고 하는 발상이 사라지고 증여, 곧 모든 것을 주기만 하는 관계로 바뀐다. 그리고 마침내 '돈이 필요 없는 나라'가 출현한다.

━━━━━━━━

우리는 찻집에서 나왔다. 신사는 빌딩 청소를 하러 가기 전에 그날 밤 자신의 집으로 오라고 나를 초대했다. 그러고 보면 지난번에 왔을 때는 신사의 집이나 가족에 대해서는 들은 적도 본 적도 없었다. 과연 그는 어떤 생활을 하고 있을까? 나는 그것이 무척 궁금했다.

그날 저녁, 나는 신사의 집을 찾아갔다. 집 안은 잘 정돈이 되어 있었지만, 내가 머물고 있는 집과 그다지 다른 데가 없는, 이 세계에서는 흔한 구조의 집이었다.

"어서 오세요."

마중을 나온 신사는 늘 보던 양복이 아니라 천연 옷감으로 지은 편안하고 촉감이 좋아 보이는 옷을 입고 있었다.

"실례합니다."

집 안에 들어서자, 역시 같은 소재로 된 옷을 입은 30세 정도의 아름다운 동양계 여성이 인사를 했다.

"처음 뵙겠습니다. 어서 오세요."

이 사람은 아내겠지? 신사는 40대 후반쯤으로 보이니, 둘 사이에는 상당한 나이 차이가 있는 듯했다. 거실로 안내를 받고, 소파에 앉았다. 여성이 안으로 들어가는 것을 보며, 맞은편에 앉은 신사에게 물었다.

"부인이신가요?"

"부인?"

"네, 부인……이 아닌가요? 결혼하신 것 아닙니까?"

"결혼이요?"

조금 현기증이 났다. 이전에, 돈에 관해 처음 이야기를 하던 때가 생각났다. 나는 상황을 파악하고, 자세를 고쳐 앉으며 이야기를 시작했다.

"알겠어요. 결혼이 뭔지 모르시는군요?"

"네."

"자, 설명을 하겠습니다. 우리나라에서는 대개의 경우 어느 정도 나이가 되면 남녀가 결혼식이라는 절차를 밟고 법적인 부부로 함께 삽니다."

"아하!"

"결혼식을 하면 그 두 사람은 부부로 인정을 받고, 남성은 남편, 여성은 아내가 되죠."

"네."

신사는 알아들은 것 같기도 하고 그렇지 않은 듯도 한 얼굴을 하고 있었다. 내가 계속했다.

"그러다 둘 사이에 아이가 생기면 함께 기릅니다."

"그렇겠지요."

아, 이제 조금 이해가 간 건가?

"저, 여기는 결혼이라는 말은 없을지 모르지만, 당신도 저분과 어떤 형태든 수속이나 절차를 밟고 함께 생활을 하고 있는 것이 아닌가요? 그와 같은 상태를 우리 사회에서는 결혼했다고 말하는 겁니다."

이때 세 살쯤 되어 보이는 여자아이가 뛰어왔다.

"아빠~"

아이가 신사의 무릎 위에 앉았다.

"아, 따님이 있었군요! 그럼, 두 분은 틀림없는 부부네요."

"네, 분명히 이 아이는 저 사람과 나 사이에서 생긴 아이가 맞아요. 하지만 우리는 그 어떤 절차도 밟지 않았습니다."

"잠깐, 그럼 동거중이라는 말씀인가요? 아니, 따님 앞에서 이 상한 말을 해서 죄송합니다만, 저, 동거라는 말도 모르시는 것 같군요? 그건 말이지요……"

"하하, 괜찮습니다. 하고 싶은 말씀이 무엇인지 대략 알아들 었으니 굳이 설명하지 않으셔도 됩니다."

아까 그 여성이 우리 둘 앞에 내놓은 음료수를 한 모금 마시 면서 신사가 말했다.

"여기는 당신이 지금 말씀하신 결혼에 해당하는 수속이나 절 차가 없습니다. 육체적으로 성숙한 남녀는 함께 산다거나 아이 를 낳는다거나 하지요. 하지만 그것을 제삼자가 인정해 준다거 나 관리한다거나 하는 시스템은 없어요. 어디까지나 당사자들 의 의사에 따라 이루어집니다."

나는 잠깐 말을 잊었지만, 곧 다른 질문을 했다.

"그럼 아이들이 태어나도 어디에도 신고하지 않나요?"

"아니, 신고는 하지요."

"그러니까 호적에 등록을 한다는 거죠?"

"호적이요?"

이것도! 나는 맥이 빠졌지만, 힘을 내 설명을 시도했다.

"우리나라에는 관공서에 그 아이가 누구와 누구의 자식인지, 이름은 무엇인지, 본적지는 어디고 현주소는 어딘지 등을 적는 서류가 있습니다. 그리고 결혼을 하거나 아이가 태어나거나 할 때마다 거기에, 호적에 적어 넣지요."

"아, 그래요? 상당히 귀찮겠네요?"

"그럼 여기는 호적도 없나요?"

나는 계속해서 말을 이어갔다.

"그렇다면 아이가 태어나면 어떤 신고를 하나요?"

"여기도 아이가 태어나면 이름과 생년월일, 현주소 등을 신고해요. 그런 것을 관리하는 곳이 있기는 합니다만, 거기에 신고하는 것은 개인의 기록뿐이에요. 누가 부모인지까지 등록하는 시스템은 없습니다."

나는 잠시 깊은 생각에 잠겼다.

"기록은 부모와는 별개로 하는군요! 그렇다면 이름은 어떻게 합니까? 성이라든지……"

"성……?"

"성도 없나요?"

잠시 침묵이 흘렀다. 신사도 곤혹스러운 듯이 보였다. 내가
말했다.

"우리 사회에는 성과 이름이 있습니다. 결혼하면 부부는 호적
상 같은 성을 쓰고, 아이가 태어나면 그 아이도 같은 성을 쓰
지요."(한국과 다른 일본의 호적 제도이다. ─옮긴이)

"네에? 왜 그래야 하죠?"

나는 머리를 감싸 쥐었다. 분명히 우리나라에서도 결혼하고
같은 성을 쓰는 것에는 여러 가지로 문제가 있어 부부 별성으
로 하자는 등 다양한 주장들이 나오고 있지만 아직 해결책을
찾지는 못하고 있다. 진보한 사회라면 어쩌면 성이 없는 것이
당연할지 모른다. 혼란스러워하는 내 모습을 보며 신사가 입을
열었다.

"우리는 이름이 성과 이름으로 나뉘어 있지 않아요. 자유롭
게 몇 글자로 이름을 정할 뿐이고 부모와 자식 간에 공통되는
부분은 없습니다. 이름을 지어주는 사람은 대개 부모인데, 이름
을 짓는 데 어떤 규정 같은 것은 없어요. 부모가 어떻게 지어도
상관이 없습니다."

이 나라에는 결혼 제도와 호적은 물론이고 성도 없는 모양이었다. 그런데도 사회가 잘 돌아가는 것 같았다. 어쩌면…… 그런 것은 모두 필요 없는 것인지도 모른다. 그런데 왜 우리 사회에는 그런 것이 있는 것일까?

"우리 사회와는 크게 달라서 놀라지 않을 수 없네요."

내 말에 잠시 사이를 두었다가 신사가 말했다.

"그 문제 역시 돈과 연관이 있는 게 아닐까요?"

"돈……이요?"

나는 잠시 생각했다.

"그렇겠네요. 돈이 존재하지 않는 나라에서는 아이 양육비나 교육비가 필요 없을 테니 별도로 보호자를 특정하지 않아도 되겠네요. 결혼을 해도 누군가를 부양할 필요가 없다면 이혼할 때 위자료를 지불할 일도 없겠고요. 유산 상속도 없으니까 친족이 누구냐 등은 당사자만 알고 있으면 되겠고, 그렇다면 호적도 필요 없겠군요!!"

"그렇지요?"

"그렇기는 합니다만, 그래도 안도감이나 만족감 같은 정서나 감정상의 문제는 남지 않을까요? 결혼식을 올리고 결혼 수속을 밟으면 둘이 정말 하나가 됐다는 느낌도 더 강해지지 않겠어요? 그건 어떻게 생각하세요?"

내 질문에 신사는 미소를 지었다.

"그럴까요? 그것이 어쩌면 지금 지구인의 감각일 테지요. 어딘가에 기록해 두지 않으면 사회적으로 인정받지 못하고 있다는 불안감이 드는 것 말이에요. 혹은 그런 제약을 자신에게 부과해 놓지 않으면 행동에 제어 장치가 작동하지 않는다고 여기거나요. 어느 쪽이든 간에 다 자연계에는 존재하지 않는, 인간이 만들어낸 감정에 지나지 않습니다."

현관 쪽에서 짧은 음악 소리가 들려왔다. 누가 온 모양이었다. 앞서의 여성이 현관으로 나갔다. 현관문을 열고 들어온 이는 원색의 화려한 옷을 입은, 키가 큰 흑인 여성이었다. 그 뒤로 다섯 살쯤 되어 보이는 남자아이와 두 살쯤 되어 보이는 여자아이가 따라 들어왔다. 두 여성은 사이좋게 이야기를 주고받으며 집 안으로 들어왔다. 내가 물었다.

"친구 분인가요?"

"네, 저분은 요리에 뛰어나죠. 기대해도 좋습니다. 우리에게 맛있는 걸 만들어주실 거예요."

내가 음료수를 한 모금 입에 무는 순간 방금 온 남자아이가 신사 쪽으로 뛰어왔다.

"아빠~"

나는 놀라 입 안에 물고 있던 음료수를 뿜을 뻔했다.

"네? 아, 아빠?"

신사는 익살스러운 얼굴로 고개를 끄덕였다.

"엄마는 누구인가요?"

"방금 온 여성이에요."

"하지만 방금 친구라고……"

나는 이마에 손을 갖다 댔다.

"잠깐만요. 이쪽 여자아이는 지금 함께 살고 있는 분과의 사이에서 낳은 아이지요? 그리고 이 남자아이는 방금 온 여성과의 사이에서 낳은 아이이고. 그럼 저 작은 여자아이도 방금 온 여성과의 사이에서 낳은 아이인가요?"

"네, 저 아이는 저 여성의 아이이긴 한데 아빠는 다른 사람입니다."

헉! 나는 쓰러질 것 같았다. 한동안 말이 나오지 않았다.

"무슨 문제라도 있나요?"

"아니, 지금 이 사실이 지구인인 저로서는 받아들이기가 너무 힘들어서요."

신사 주변에서 뛰어놀던 아이들은 술래잡기를 하며 다른 방으로 뛰어갔다. 내가 물었다.

"저기, 좀 거북한 질문이기는 합니다만, 꽤 복잡한 남녀 관계처럼 보이는데 문제는 없나요?"

"왜 문제가 생기죠?"

"아니, 당신은 여성 둘과 삼각관계인데다, 방금 온 여성과 그 여성의 남자 친구와도 삼각관계인데……"

"네? 삼각이요?"

신사는 양손 손가락으로 삼각형을 만들어 보였다. 내가 가볍게 한숨을 쉬며 말했다.

"네, 그런 관계를 우리 사회에서는 삼각관계라고 부르죠."

신사가 말했다.

"그 삼각관계가 무엇이 문제인데요?"

"예를 들면 당신이 사랑하는 여성이 말입니다, 그 여성이 다른 남성과 사이가 좋다거나, 더구나 아이가 생기기라도 하면 싫지 않나요?"

"왜 싫죠?"

"왜라니요? 좋아하는 사람은 자기만의 사람으로 오래도록 곁에 두고 싶은 게 인지상정 아닌가요?"

"네…… 하지만 상대도 인간이기 때문에 내 소유물이 될 수는 없는 거 아니겠어요? 그보다는 서로가 다른 사람이 좋아지지 않도록 노력함으로써 신뢰 관계를 유지한다고나 할까, 그렇게 해야 하지 않을까요?"

신사는 의아스럽다는 눈빛으로 나를 바라보았다.

"아니, 그렇기는 해도 다른 사람이 좋아질 수 있잖아요? 그러니까…… 그러면 힘들어지니까…… 그래서 결혼이라는 형식을 통해 계약을 하고 사랑을 서약하는 거겠죠."

신사는 말없이 두세 번 천천히 고개를 끄덕였다. 나는 그 모습을 견디지 못하고 말을 이었다.

"아, 알아요, 무슨 말씀을 하고 싶으신지. 그런 계약을 한다 해서 사랑이 지켜지는 건 아니라고 말하고 싶은 거지요? 실제로 평생을 함께하겠다고 맹세한 부부가 이혼하는 경우도 많고, 결혼이라는 계약에 붙잡혀 헤어지고 싶어도 헤어지지 못하는 사람들도 아주 많고요."

신사가 웃으며 말했다.

"제가 뭐라 했습니까?"

난 크게 한숨을 쉬면서, 소파에 자세를 고쳐 앉았다.

"우리나라에서는 일부일처제라고 해서 결혼은 단 한 사람하고밖에는 할 수 없다는 규정이 있어요."

신사가 웃으며 받았다.

"당신네는 꽤나 규칙을 좋아하는군요."

나 또한 웃지 않을 수 없었다.

"좋아한다고 하긴 그렇고, 사실 지구에서도 다른 시대, 다른 나라에서는 일부일처제 말고 다른 형태가 있기는 합니다."

"남자와 여자가 어떤 관계에 있든 각기 자기들에게 맞는 형태를 이루며 사는 것도 좋지 않나요? 문제가 생기면 생기는 대로 당사자끼리 해결하면 될 테고요"

"그렇기는 하지만 우리는 부부를 일대일로 정해놓지 않으면, 다시 말해 그런 관계를 법적으로 결속해 두지 않으면 안 된다고 여기고 있어요."

"한 쌍의 남녀만을 놓고 보면 모든 경우가 다 일대일이지요. 상대가 나 말고 누구와 어떤 관계에 있든 그것은 그 사람의 문제 아닌가요? 그건 문제삼지 않아도 좋지 않을까요?"

"저희는 좀처럼 그 경지까지는 나아가기 어렵겠다는 생각이 드네요."

"부부가 일대일로만 맺어져서는 안 된다는 말은 아닙니다. 하지만 그래서는 서로 부담이 되지 않겠어요?"

"부담이요?"

"예를 들면 자신이 그리는 이성상異性像을 한 사람에게 전부 투영하고 그 사람이 그것을 다 갖추었기를 바라는 건 무리가 아니겠어요? 이쪽도 상대방의 모든 기대에 부응할 수 없을 게 틀림없고요."

"그거야 그렇지요. 하지만 어느 정도는 포기한다고 할까, 상대를 이해하고 넘어가는 것도 필요하지 않을까요?"

"맞습니다. 바라는 게 너무 많다거나 이상이 지나치게 높다거나 하면 그것이 결코 충족되지 않겠죠. 하지만 그 일부일처제라는 규정은 평생 이어질 게 아닙니까? 어렸을 때 정한 상대한 사람 말고는 죽을 때까지 다른 누구도 좋아해서는 안 된다는 규정은 상당히 난폭하다고 봅니다."

"그야 그렇습니다만."

"내 경우는 지금까지 살아오며 여러 명의 여성과 사귀었습니다. 아이가 생긴 사람도 있고 생기지 않은 사람도 있어요. 지금까지도 친하게 지내는 사람이 있는가 하면 자연스럽게 헤어진 사람도 있고요. 하지만 그뿐입니다."

"생각해 보면 우리가 하고 있는 것과 다르지 않다는 생각이 들기도 하네요. 어쨌든 어려운 문제인 것만은 분명합니다."

"우리는 남녀를 불문하고 각자가 각자의 관점에서 취하고 싶은 형태를 취할 뿐 달리 어떤 규정도 없고, 남의 삶의 방식을 간섭하지도 않습니다."

"우리 사회에서는, 예를 들어 연예인 중에 누구랑 누구랑 사이가 좋아진다거나 헤어진다거나 하면 그때마다 한바탕 소란이 일어나요."

내 말에 신사가 웃었다.

"하하하, 여러분은 남의 일에 꽤나 관심이 많은 것 같네요."

나는 궁금한 표정으로 물었다.

"그런데 남녀 관계가 복잡하면 누가 가족인지 알 수 없게 되는 문제가 생길 수도 있지 않을까요?"

"가족……?"

아니, 가족이란 개념도?

"가족이란 주로 혈연 관계가 있는 부모나 형제처럼 한 집에서 함께 살고 있는 사람을 말해요."

그때 앞서의 흑인 여성이 요리를 가져왔다. 신사가 권하는 대로 한 입 먹어보니 정말로 맛있고, 함께 나온 음료수와도 잘 어울렸다.

"맛있네요! 최고입니다."

내가 칭찬하자 그녀가 상냥하게 웃었다.

"고맙습니다."

그녀가 신사 옆에 앉았다. 따라온 여자아이는 그녀의 무릎 위에 앉았다. 신사가 물었다.

"제 경우라면 누구를 가족이라 해야 하나요?"

"어느 분과 함께 살고 계세요?"

"저는 보통은 홀로 지냅니다. 이 사람들이 수시로 오기는 하지만 자기 집은 다른 데 있고, 잘 때는 아이들을 데리고 그 집으로 돌아가지요."

"아, 그런가요? 음, 그렇다면 가족이 있다고는 할 수 없을 것 같은데요."

"가족이란 것이 자는 곳이 문제인가요?"

"아니, 그런 것은 아니지만, 하지만 호적도 없다고 하셨죠? 돈이 필요 없는 곳이니까 누군가를 부양하는 것도 아닐 테고."

"남녀가 아이들과 함께 사는 사람도 있기는 있어요. 저도 이전에는 그렇게 산 적이 있습니다."

그리고 옆에 앉은 여성을 가리키며 말했다.

"이 사람은 지금은 다른 남성과 살고 있습니다. 이 아이의 아빠랑이요."

아무런 망설임도 없는 신사의 자연스러운 말투가 이 세계 사람들의 솔직한 정서를 그대로 나타내고 있었다. 적어도 내게는 그렇게 생각되었다.❖

❖ (옮긴이) 저자는 자신의 홈페이지에서 이렇게 말하고 있다. "결혼이라는 제도가 언제 생겼는지는 모르지만, 인간 사회에서 남녀가

함께 살거나 아이를 만든다거나 하는 데 계약이 필요하다는 것은 이상한 이야기입니다. 또한 현재 채용되고 있는 일부일처제는 표면상의 독점욕은 만족시켜 주지만, 자유와 가능성을 빼앗고 소유 의식과 의존심을 증폭시키는 면이 있습니다. 결혼하고 가정을 갖는 것은 어떤 의미에서는 폐쇄적인 환경이나 의식을 만들어낼 우려가 있습니다. 가족 단위로 모든 것을 생각하기 쉬운데, 그렇게 되면 자칫 자기 집과 남의 집, 나의 아이와 남의 아이라는 식으로 차별 의식이 생기고 내 가족만 좋으면 된다는 관념을 낳을 수 있습니다. 동시에 가정 내의 문제는 모두 가족 안에서 해결하지 않으면 안 되는 사태도 벌어집니다.

인연이 있어서 만나고, 그 결과로 생긴 가족이 서로 협력하며 사는 것은 소중한 일입니다. 그러나 거기에 소유 의식이나 의존심이 생기면 개인으로서의 자각이나 책임감은 희박해집니다. 어느 누구도 사람을 소유할 수 없고 타인의 자유를 빼앗을 권리가 없습니다. 인간 존재는 어디까지나 홀로이고, 모든 행동은 개인의 의사에 기초하여 이루어져야 합니다. 또한 그 행위가 불러온 결과를 받아들이는 것도 개인의 책임이며, 타인이 대신할 수 있는 것도 아니고 그렇게 해서도 안 됩니다.

일부일처제가 채용되고 있는 지금 사회에서는 한번 결혼한 사람과는 평생을 함께하게 되어 있습니다. 동시에 복수의 사람과 관계를 갖는 것은 죄악시되고 있고요. 하지만 그것은 지금 인류의 고정 관념이요 부자연스러운 일일 뿐입니다. 한번 정한 사람이 가장 좋은 파트너라고 하는 보장도 없고, 또 상대를 한 사람으로만 한정하는 것은 그 상대 이외의 사람과 살아갈 가능성을 배제하는 것은 물론이고 고통스럽고 비극적인 갈등이나 이혼, 이별의 원인이 되기도 합니다. 더군다나 현재는 세상의 고정 관념 때문에 이혼하기도 상당히 어렵습니다. 그래서 남자든 여자든 그 점을 이용해 상대가 싫어하는 것을 알면서도 하는 사람이 있습니다. 결혼이라는 제도가 없다면 상대가 나를 싫어하면 그것으로 끝입니다. 그렇기 때문에 긴장감과 책임감을 느끼며 행동하지 않을 수 없습니다. 오히려 좋은 관계를 유지할 수 있는 거지요.

독점욕을 중요하게 생각한다면 틀림없이 일부일처제가 무난할 겁니다. 인간의 생각도 여러 가지이기 때문에 결혼 제도를 일부일처제가 아닌 다른 형태로 정하는 것도 쉽지는 않을 겁니다. 저는 결혼에 관해서는 아무런 제약도 두지 않는 것이, 즉 다양하고 자유로운 형태를 취하도록 하는 것이 좋지 않을까 생각합니다. 모든 사람이 각자 솔직한 마음으로 서로를 사랑하며 자각과 책임감을 갖고 관계를 맺는 것이 좋다고 봅니다. 그것을 억지로 하나의 형태에 맞추고자 하는 데서 무리가 생겨난다고 생각해요.

결혼이라는 제도가 있어야 하는 이유는, 우리 사회가 아직 미숙한 사회이고 이런 미숙한 사회에서 필요로 하는 돈 때문이라고도 할 수 있습니다. 어떤 형태를 취하든 지금 이 세상에서 생활하는 한 어느 정도의 경제적 수입은 꼭 필요합니다. 그런데 예를 들어 전업주부의 경우에는 수입면에서 남편에게 완전히 의존할 수밖에 없기 때문에, 둘의 관계를 쉽게 깰 수 없도록 결혼이라는 형태의 계약을 해둘 필요가 있는 것인지 모릅니다. 그러나 만약 돈이 존재하지 않는다면 경제상의 이유로 헤어질 수 없는 사태는 사라집니다. 그런 경우는 있을 수 없습니다.

결혼이라는 제도를 없애면 비혼非婚, 곧 결혼하지 않고 사는 삶을 선택하기도 쉽습니다. 인생의 어느 시점에서 함께 생활하는 이성 파트너나 아이가 있느냐 없느냐의 차이가 날 뿐 모든 사람이 자유롭습니다. 아무도 결혼을 강제하지 않습니다. 그렇게 되면 가족, 혈연, 대 잇기 등에 대한 집착도 사라지며, 아이가 생기지 않는 데서 오는 불필요한 고통도 사라질 것입니다.

돈이나 결혼 제도가 사라지면 성性에 관한 사람들의 인식도 크게 바뀔 것입니다. 모든 남녀 관계가 평등해지고, 어디에서나 아이가 생기면 낳고 기르는 것이 당연해집니다. 돈이 존재하지 않기 때문에 경제적인 이유로 피임을 한다거나 중절을 할 필요도 없습니다. 오히려 만약 기를 수 없는 아이를 낳았다면 왜 임신을 했느냐는 문제가 제기될 것이며, 따라서 지금보다 훨씬 더 자각과 책임감을 갖고 행동하지 않을 수 없게 될 것입니다."

━━━━━━━

신사가 말했다.

"저는 밤에는 혼자서 조용히 저만의 시간을 갖는 게 좋아요.
여성이나 아이들과는 낮 시간을 함께 보냅니다. 함께 식사를
하거나 놀러 가거나 하면서 지내는 때가 많죠."

내가 궁금해서 물었다.

"밤에 혼자서 무슨 일을 하시나요?"

"책을 읽거나 글을 쓰면서 지내요. 소설 창작도 저의 일 중
하나죠."

"네에! 청소 말고 그런 일도 하시는군요."

"네, 책을 여러 권 냈습니다. 팬들도 꽤 있어요. 그 사람들이
저의 새 책을 기다리고 있답니다."

신사가 말했다.

"여기에서 아이들은 열다섯 살까지는 아버지나 어머니 등과
함께 살고, 그 뒤로는 대개 독립해서 혼자 삽니다. 학교도 그쯤
에서 보통 마치기 때문에 대다수 아이들은 그 무렵부터 일을
시작하지요."

"열다섯 살 정도부터 일을 하는군요. 우리 사회에서는 대개 열여덟, 아니면 스물 두셋까지는 학교에 다녀요."

"모두가 그렇게 오랫동안 공부를 하나요?"

"네, 어른이 된 뒤에는 거의 도움이 안 되는 것들도 많이 배우죠. 그리고 놀거나 아르바이트를 하면서 보내는 시간도 꽤 되고요."

"아르바이트요?"

"네, 간단히 말해서 일을 하는 겁니다."

"그럼 여기 아이들이랑 똑같이 일을 하는 거잖아요?"

"네, 하지만 돈이 필요해서 일을 하는 거예요."

신사가 웃었다.

"당신네 사회에서는 일의 목적이 역시 돈이로군요!"

"여기에서는 학교를 열다섯 살이면 마치나요?"

"아니요, 일을 시작한 후에도 뭔가 더 전문적인 공부를 하고 싶은 사람은 그런 학교에 가기도 하고 연구 집단에 들어가기도 합니다. 그런 곳들은 대개 누구나 다 받아들여 주고 연령 제한 도 없어서 남녀노소가 섞인 커뮤니티 모습을 하고 있지요."

"그렇군요. 좋네요. 누구나 배우고 싶을 때 자유롭게 배울 수 있다니! 우리 사회에서 학교는 취직에 유리한 학력을 얻기 위해 가는 경우가 많아요. 대개는 그래서 학교에 가지요."

"학력이요?"

"좋은 학교를 나오면 좋은 회사에 들어가고, 월급도 더 많이 받으니까요."

"또 돈이군요!"

나는 한심한 기분이 들어 약간의 부연 설명을 했다.

"아니, 학교는 말이죠, 꼭 그런 목적 말고도 친구를 사귄다거나 클럽 활동을 함께 할 수 있다거나 하는 장점도 있어요."

"여기에서도 음악이나 스포츠 같은 것을 열심히들 해요. 해보고 싶은 것은 모두 적극적으로 도전합니다. 콘서트나 스포츠 경기도 자주 열리고요."

"네, 전에 여기 왔을 때 여러 곳을 보고 다녀서 잘 알고 있어요. 모두 프로처럼 솜씨가 뛰어나더군요!"

"프로요?"

"아, 그렇군요! 돈이란 게 없으니까 이 나라에는 프로도 아마추어도 없겠네요. 그렇다면 직업 의식도 없는 건가요?"

"직업이요? 그건 일하고는 다른 겁니까?"

"일이기는 한데, 직업이라고 하면 자기가 전문적으로 하는, 그러니까 돈을 받고 하는 일을 말해요."

"우리는 대개 자신이 하고 싶은 일은, 할 수 있다면 무엇이나 해보려고 해요. 누군가에게 도움이 된다면 그게 무슨 일이든 훌륭한 일이죠. 여기서는 그렇게 봅니다."

"과연 그렇겠군요. 우리는 할 수 있는 일이나 하고 싶은 일도 돈 때문에 못하는 경우가 많죠."

"그런가요? 하지만 누군가에게 도움이 되지 않는 일이라면 일이라고 할 수 없겠죠. 자기 만족만 줄 뿐이라면 단순한 놀이라고 해야겠죠. 놀이는 놀이대로 좋지만, 이왕이면 누군가를 기쁘게 해줄 수 있는 정도까지 실력을 높이고 싶다고, 여기서는 모두들 그렇게 생각하면서 일을 합니다."

"여기는 자유로운 만큼 어떤 의미에서 엄한 면도 있네요?"

"엄하다기보다는 자연스럽다고 해야겠지요. 이곳에서는 어찌됐든 일을 하지 않아도 생활할 수 있고, 그러니 굳이 하고 싶지 않은 일을 무리하게 할 필요가 없습니다. 그러므로 일은 남을 기쁘게 하는 것은 물론이고, 자신이 납득할 수 있는 정도까지, 이만하면 됐다 싶은 데까지 하지 않으면 마음이 편하지 않은 거지요."

"우리 사회에서는 꽤 많은 사람들이 하고 싶지 않은 일을 억지로 하면서 살고, 일이 힘들고 고생스러운 건 당연하다고 생각합니다."

"왜 그렇죠?"

"돈을 벌기 위해서 일을 하기 때문이 아닐까요? 돈이 된다면 무슨 일이라도 하겠다는 사람도 있으니까요."

"위험한 생각이네요. 사실, 일과 돈은 본래 아무 관계도 없는 것인데 말예요."

옆에 앉아 가만히 이야기를 듣고 있던 여성은 어느 사이 무릎 위에서 잠든 여자아이를 안고 다른 방으로 들어갔다. 신사가 말했다.

"온갖 규칙을 두고 있는 당신네 사회에는 그 밑바닥에 뭐랄까 어리광 같은 것이 있다는 생각이 듭니다."

"어리광이요?"

"네, 규칙을 정해 그 제약을 받는 쪽이 자신의 판단 아래 주체적으로 행동하는 쪽보다 어떤 의미에서 편하다고 생각하는 것이 아니냐는 겁니다."

"정해진 것이 있고 그것을 따르기만 해도 된다면 스스로 생각할 필요가 없을 테니까 어떤 면에서는 좋을지도 모르겠네요! 또 모두 똑같이 규칙을 따라야 한다는 데서 오는 안도감도 있을 거고요."

"그런 면도 있겠지만, 규정이나 규칙에 무리가 있다면 문제가 생길 것이고, 사람들은 스트레스를 받겠죠. 그러니까 그것은 결국 스스로 자기 목을 조르는 행위에 지나지 않는다고도 할 수 있을 겁니다."

이것은 종교 같은 데서도 자주 있을 수 있는 일이라는 생각이 들었다. 내가 덧붙였다.

"그것만이 아니에요. 규칙이나 규정을 정하는 단계에서도 온갖 꼼수와 술책이 끼어들지요. 그것이 우리 사회의 실상이기도 하고요."

나는 우리나라의 정치인들을 떠올리며 씁쓸하게 웃었다.

신사가 말을 했다.

"그리고 여러분은 타인과의 관계에, 여기에는 가족 등 자기 이외의 모든 이가 포함됩니다만, 그 관계에 크게 사로잡혀 있는 것 같습니다. 자신과 어떤 관계의 사람이냐에 따라서 온갖 이름을 갖다 붙이고, 또 그것을 세상에서도 인정받고 싶어 하는 것 같아요."

"맞아요. 가족이니 연인이니, 남편이니 아내니, 상사니 부하니 하고 관계마다 이름이 붙죠. 그리고 우리는 남의 생각과 행동을 몹시 의식하고, 되도록 그들이 자기 기대대로 움직여주기를 바라는 경향이 있어요. 특히 가족처럼 자기와 가까운 존재이면 존재일수록요."

"그것이 어리광이라는 겁니다. 상대를 위한다면서 하는 일이 실은 자신을 위한 일인 경우가 많지 않나요? 그것은 결국 상대를 신뢰하지 않는 데서 오는 행동이라고 할 수 있죠. 누구나 자신이 책임지고 행동한다면 남의 지시는 받고 싶지 않을 게 분명합니다. 만약 실패를 한다고 해도 남의 탓을 할 수 없을 것이고, 그러니까 그쪽이 자기 성장에 도움이 되지 않겠어요?"

"시키지 않으면 아무것도 할 수 없는 아이로 자라는 것도 알고 보면 부모 탓이라고 할 수 있겠지요. 하지만 가족의 지지를 받는다거나 도움을 받는다거나 하는 긍정적인 면도 가족 관계에는 있습니다."

"물론 이곳에서도 서로 돕습니다. 여기에서는 당신이 말씀하신 '가족'이라는 의식보다 앞서 인간으로서 서로 이어져 있기 때문에, 모두가 아무 걱정 없이 자유롭게 자기 하고 싶은 일을 하는 것인지도 모르겠습니다. 우리는 가족을 넘어서 모두를 위한 사회를 만들어야 한다고 보고 또 그렇게 하고 있습니다."

분명 그렇게 말할 수 있을 것 같았다. 이쪽 사회에서는 모두 자신의 세계를 확실히 가지고 있는 동시에 남의 일도 자신의 일처럼 생각하며 행동하고 있었다. 그것도 위선이나 허세 같은 것이 전혀 없이 말이다. 그런가 하면 누군가에게 희생을 강요당

하는 따위의 비참한 경우도 없었다. 그런 순수한 기분이나 행동은 어디에서 오는 것일까? 역시 돈이 없기 때문일까?

신사는 마치 내 생각을 읽기라도 한 듯이 말했다.
"당신네 사회는 소유에 관한 의식이 우리와 다른 것 같아요."
"소유 의식이요?"
"네, 이것 또한 돈이라는 존재와 관련돼 있는 것인지 모르겠네요."
"그 말씀은?"
"이곳에는 소유라는 개념이 거의 없습니다."
"네에!"

"당신네 사회에서는 대다수 사람들이 돈을 더 많이 갖고 싶어 하지요?"
"네, 대부분의 사람들이 돈이란 존재에 대해 아무런 의문도 갖지 않을 뿐더러 돈은 되도록 많은 게 좋다고 생각하지요. 우리의 경제 사회는 어떻게 하면 남보다 돈을 더 많이 모을 수 있느냐 하는 쪽으로 움직이고 있다고 해도 과언이 아닐 겁니다."
"역시 돈은 그 축적할 수 있다는 성질이 문제군요. 썩는다든지 못 쓰게 망가진다든지 하는 물건이라면 한 번에 그렇게 많

이 갖지 못할 텐데, 돈은 얼마든지 쌓아둘 수 있으니까요?"❖

❖ (옮긴이) 저자는 자신의 홈페이지에서 이렇게 말한다. "빈부의 차이가 없는, 모두가 행복한 세상을 이루고자 한다면 현재의 금융 시스템을 바꿀 필요가 있습니다. 자연계에는 돈 같은 것이 없습니다. 어떤 것이나 시간이 지나면 썩거나 망가져서 못 쓰게 되지요. 그러나 돈은 그런 일이 없습니다. 물가가 올라가면 상대적으로 돈의 가치가 조금씩 떨어지기는 하지만, 예컨대 1만 원짜리 지폐는 몇 년이 지나도 그대로 1만 원입니다. 이것은 당연한 것 같지만, 사실은 매우 부자연스런 일입니다. 돈은 시간이 가도 가치가 줄어들지 않습니다. 돈은 결코 썩는 법이 없습니다.

돈, 그리고 그 시스템은 인간이 고안해 낸 것입니다. 인간이 자연의 섭리를 거슬러서 만든 겁니다. 돈은 자연에는 결코 있을 수 없는, 무한히 모을 수 있다는 특징을 지니고 있습니다. 그리고 은행에 맡기면 이자가 붙고, 빌리면 이자를 지불해야 하는 구조가 생겨났습니다.

가치가 줄어들지 않고, 거기에다 은행에 맡겨두면 이자가 붙기 때문에 부자는 아무 일도 하지 않아도 돈이 늘어나게 되어 있습니다. 그런 구조입니다. 돈이란 늘어나는 곳이 있으면 반드시 줄어드는 곳이 생깁니다. 누군가 부자가 되면 어느 곳에선가는 가난한 사람이 생깁니다. 그리고 한번 돈이 들어온 사회는 상호간의 쟁탈로부터 벗어날 수가 없습니다.

이와 같은 구조는 사람들 사이에 빈부의 차이를 낳습니다. 선진국과 후진국 사이에서도 오랜 세월에 걸쳐 불공정한 거래가 이루어진 결과, 오늘날처럼 극단적인 빈부의 차이와 치명적인 환경 파괴를 낳고 있습니다.

이 문제를 시스템 안에서 해결하려면 어떻게 해야 할까요? 먼저 시간이 흐름에 따라 그 절대적 가치가 떨어지도록 돈의 성질을 바꿀 필요가 있습니다. 예를 들면 1만 원은 1년 뒤에는 9,500원으로 가치를 줄이는 것입니다. 시간이 지날수록 점점 더 돈의 가치가 내려가면 사람들은 서둘러 돈을 쓰려고 들 것이고, 돈이 순환하면 경제는 활성화될 것입니다. 이것은 실제로 있었던 이야기로, 오스트리아의 어느 도시에서 그런 돈이 지역 통화의 형태로 발행되어 대성공을 거둔 적이 있습니다. 하지만 얼마 뒤 중앙은행에서 이를 금지했다고 합니다. 아베 요시히로安部芳裕가 쓴《아무도 모르는 두려운 사실日本人が知らない恐るべき真実》이라는 책을 보면 그 내용이 자세히 나와 있습니다.

또한 은행에 맡긴 돈은 마이너스로 만드는 것도 하나의 방법일 수 있습니다. 그 방법은 이와 같습니다. 은행에 돈을 많이 맡긴 사람에게는 시간의 경과와 함께 돈을 조금씩 받습니다. 떼어낸다는 겁니다. 그리고 그 돈을 가난한 사람이 빌린 돈의 반환금으로 돌리면 빈부의 격차를 줄일 수 있지 않겠습니까?

오늘날의 현실에서 보면 농담 같은 이야기로 들리겠지만, 돈이 존재하는 사회에서 빈부의 차이를 줄이고 모두가 행복해지는 것을 목표로 한다면 그와 같은 방식도 검토해 볼 수 있다고 생각합니다."

"그렇습니다. 현재 돈은 물건이 아니라 단순히 숫자상의 거래를 위한 증표처럼 되어 있기 때문에 썩거나 망가지는 일 없이 무한하게 모을 수가 있죠. 가지고 있어도 갖고 있다는 실감이 별로 나지 않기 때문에 멈추기가 어려운지도 모르겠어요."

"앞에서 말씀드린 것처럼, 모을 수가 있기 때문에 빈부의 차이가 생깁니다. 그리고 한번 손에 넣은 돈은 자신의 것이라 여겨져 좀처럼 남에게 나눠줄 수 없게 되고요."

"네, 굶주려서 죽을 것 같은 아이가 곁에 있다면 누구라도 자기 먹을 것을 덜어서 나눠주고 싶은 생각이 들겠죠. 하지만 돈은 음식이 아니기 때문에, 썩지 않기 때문에, 또 달리 쓸 곳이 많기 때문에, 좀처럼 남에게 주기도 어렵고 소유 의식도 더 강해지는 것 같습니다."

"경제적 약속을 통해 돈의 가치를 보장해 준다면 돈을 신용할 수 있을 것이고, 그러면 당신네 사회에서는 돈이 되도록 많을수록 더 안심할 수 있겠지요. 그것은 당연합니다."

"그것을 거꾸로 생각해 보면, 그 약속 자체가 무너지면 그 즉시 돈이란 아무리 많이 갖고 있어도 아무런 의미도 없는 물건이 되어버리는 거죠."

"네, 돈이란 사실 단순한 종잇조각, 금속 파편에 지나지 않으니까, 그런 경우에는 돈이 어디에도 쓸모가 없겠죠."

신사가 말했다.

"만약 돈이 존재하지 않는 사회라면 나는 과연 무엇을 갖고 싶은지, 무엇을 소유하고 싶은지 생각해 본다면 재미있을 거예요. 소유라는 게 과연 무엇인지 말예요."

"돈이 존재하지 않는다는 것은 여기처럼 무엇이나 자유롭게 손에 넣을 수 있다는 뜻이겠죠?"

"그렇습니다. 어떤 집이든 차든 물건이든 다 원하는 대로 가질 수 있습니다."

"하지만 그렇게 되면 내가 무얼 갖고 있건 그것만으로는 남에게 자랑거리가 되지 않겠네요?"

"그렇죠. 갖고 싶으면 누구나 무엇이든 다 가질 수 있으니까,

갖고 있는 것 자체에는 별 의미가 없습니다."

"우리 사회에서는 남이 좀처럼 살 수 없는 고급스러운 물건을 갖고 있으면 그게 곧 부자인 증거이자 수준의 상징이 돼요. 하지만 돈이 존재하지 않는 이 사회에서는 그런 걸 갖고 있으면 오히려 저 사람은 왜 저런 걸 갖고 기뻐하는지 모르겠다면서 이상한 사람 취급을 하기 쉬울 것 같은데요."

"여기에도 취미 생활이 있고 그와 관련된 물건도 많습니다. 실용적인 물건만 생산되는 것도 아니고요. 하지만 자신이 정말로 좋아해서 쓰고 싶거나 곁에 두고 싶은 것이 아니면 갖고 있어도 의미가 없기 때문에 모두들 꼭 필요한 것만 갖고 살고 있어요."

"어디까지나 자신이 어떻게 하고 싶으냐가 중요할 뿐 타인하고는 관계가 없네요!"

"그렇죠. 그것이 어떤 물건이 됐든 그 물건은 그것을 필요로 하는 사람한테만 가치가 있는 것이고, 자신에게 필요하지 않은 물건은 가지고 있어도 아무런 소용이 없는 것 아니겠어요?"

"우리 사회에는 순전히 재산적 가치로 미술품이나 보석 따위를 모으는 사람도 있습니다. 언젠가 돈으로 바꾸는 것을 목적으로 말이지요."

신사가 슬픈 얼굴로 말했다.

"미술품도 그런 목적으로 사용되다니 슬픈 일이네요."

"토지도 흔히 그런 용도로 거래되고 있죠."

신사는 질렸다는 듯 고개를 옆으로 내저었다.

"지구의 일부까지 자기 것이라고 생각하다니 대단한 사람들이네요!"

내가 물었다.

"필요 이상의 물건을 손에 넣는다는 것은, 그것을 만들기 위한 자원이나 누군가의 노력이 그만큼 필요해진다는 뜻이기 때문에 되도록 피하는 것이 좋겠군요?"

"네, 여기서는 필요한 최소한의 것만 가지고 생활합니다. 꼭 필요한 것만을 바라지요. 그것이 가장 좋습니다. 나아가 자원을 절약하고 다 쓴 물건도 재활용해서 쓰는 것은 물론이고, 불필요한 물건을 만들지 않고 쓸데없는 노력을 들이지 않도록 일을 최대한 효율화하고 있습니다."

"일을 효율적으로 하면 노동 시간이 줄고 휴식 시간이 늘어나겠군요?"

"네, 당신네 사회처럼 돈을 벌기 위해서 하는 일도 없고, 쉬는 시간도 우리가 당신네보다 훨씬 많을 겁니다."

"우리 사회에서는 오히려 휴가보다는 일을 하게 해달라고 말하는 사람도 많습니다.”

신사가 웃었다.

“그것은 일이 하고 싶어서가 아니라 돈을 더 벌고 싶어서겠
죠? 돈이 안 되는 일이라면 얼마든지 있지 않나요? 돈과는 무
관한 그런 일들이 오히려 세상에 필요한, 소중한 일이 아닐까
요?”

“그래요. 하지만 우리 사회에서 그런 일은 보수가 박하거나,
아니면 자원 봉사 형태로 유지되고 있을 뿐입니다. 아쉬운 부
분이죠.”

나는 말을 이었다.

“필요한 최소한의 것이라고 하셨지만, 이곳의 집이나 가구, 생
활용품의 소재나 기능은 모두 뛰어나던걸요.”

“그걸 만들고 싶은 사람들이 그걸 사용할 사람이 기뻐하기를
바라는 마음으로 정성껏 만들기 때문일 겁니다.”

“많이 팔기 위해 대량으로 만들 필요도 없고 돈벌이를 생각
하고 만들지도 않으니까 좋은 걸 만들 수 있고 또 진보도 하는
거군요!”

“사용하는 사람들도 오래가고 성능이 좋은 것이 아니면 쓰지
않지요.”

"그렇군요. 우리처럼 대량 생산에 대량 소비를 하지 않으면 유지할 수 없는 경제 구조와는 근본적으로 다르네요. 그런 발상에서 진정한 진보도 이뤄지고 사회도 더욱 성숙해 간다는 말씀이죠?"

"그렇습니다. 물질적으로도 정신적으로도 여유가 생기고요."

"문화 시설들도 훌륭하더군요."

"누구나 이용할 수 있는 콘서트홀, 화랑, 스포츠 시설 등이 가는 곳마다 있어요. 이벤트를 기획해서 제안서를 내면 우수한 스태프들이 친절하게 도와주고요."

그래서 모두 공짜이고, 문화도 발전하는 것이리라!

신사가 말했다.

"여기서는 개인과 공공의 경계가 거의 없기 때문에, 많은 사람들이 이용하는 장소나 시설물이 충실하게 지어지고 또 유지도 됩니다. 개인이 쓰고 있는 집이나 자동차도 어떤 의미에서는 모두가 함께 쓰는 공유물이고요."

"그래서 남이 사용하는 것을 억지로 빼앗을 필요도 없는 거고요?"

"그래요. 필요하면 자기 손으로 구하면 되니까요. 필요 없어지면 돌려주거나 필요한 사람에게 주면 되고요."

나는 두어 차례 고개를 끄덕이며 말했다.

"그러니까 소유 의식이 없는 거네요. 우리도 가족 사이에서만은 그렇게 하지요."❖

❖ (옮긴이) 지은이는 자신의 홈페이지에서 이렇게 말한다. "돈이 필요 없는 나라에서는 모든 것이 공짜입니다. 필요한 것은 무엇이나 가게에 가서 공짜로 얻을 수 있습니다. 그렇게 되면 물질에 대한 생각이 지금 세상과는 많이 달라질 것이 분명합니다. 지금 사회에서는 어떤 물건이건 돈을 내고 사야 비로소 내 것이 된다고 여기죠. 하지만 돈이 필요 없는 나라에서는 모든 것이 공짜이기 때문에, 처음부터 전부 내 것이라고 말할 수 있습니다. 이전에 '네트워크 지구마을'의 다카기 요시유키高木善之 씨가 강연에서 청중에게 이렇게 질문을 한 적이 있습니다.

"여러분, 슈퍼마켓에서 우유를 살 때 여러분은 유통 기간이 짧게 남은 것을 고릅니까 아니면 길게 남은 것을 고릅니까?"

거의 모든 사람이 유통 기간이 길게 남은 것을 고른다고 대답했지요. 그러자 다카기 씨가 질문을 하나 더 했습니다.

"그러면 여러분의 집 냉장고에 유통 기간이 짧게 남은 우유와 길게 남은 우유가 있을 경우에는 어느 것부터 드시겠습니까?"

그때 여기저기서 웃는 소리가 났습니다. 대답을 들어볼 필요도 없겠지요. 이 경우엔 많은 사람들이 유통 기간이 짧게 남은 것부터 마실 게 분명하니까요. 왜 슈퍼마켓에 있을 때와 자기 집의 냉장고에 있을 때 이처럼 다른 태도를 보일까요? 슈퍼마켓에서 살 때는 사고 나서 오랫동안 두고 마실 수 있는 것이 좋기 때문일 겁니다.

당연한 일일지도 모르지만, 우리 사회에서는 슈퍼마켓에 있는 우유는 내 것이 아니고 돈을 주고 산 내 냉장고의 우유는 내 것이라고 생각합니다. 그리고 크든 적든 자기 것 외에는 책임을 지지 않겠다는 의식도 작동하고 있습니다. 돈이 필요 없는 나라처럼 슈퍼마켓의 우유가 전부 자기 것이라고 생각한다면, 누구나 유통 기간이 짧게 남은 것부터 마시려고 하지 않을까요? 물론 슈퍼마켓의 우유에만 한정된 이야기가 아닙니다. 자연 자원을 비롯해 모든 것을 내 것이라 여긴다면 무엇이나 소중하게 사용할 겁니다. 따라서 자연이나 환경 파괴도 줄거나 사라질 거고요. 그때는 모두가 모든 것에 책임을 지는 것이 당연한 일이 될 테니까요."

나는 다른 질문을 던져보았다.

"공공 시설로 전철 등이 상당히 발전되어 있는데도 이곳 도시에는 자동차가 많이 보이데요?"

"네, 화물을 운반하는 데는 차가 편리하니까요."

"택시도 많이 보이던데요?"

"사람들은 대부분 자기 차를 갖고 있지 않아요. 그래서 필요할 때는 택시를 부르죠. 택시 운전은 자동차 운전하기를 좋아하는 사람들에게 인기가 높아요. 모두 운전을 잘해서 좀처럼 사고는 일어나지 않죠."

"가솔린을 쓸 텐데 여기 환경은 괜찮나요?"

"가솔린이요? 여기서는 안 씁니다, 그런 거."

"네? 그럼 자동차는 무엇으로 움직이나요?"

"무엇일 거 같아요?"

"전기?"

"전기를 만들 때도 그 자원의 일부를 사용하고 있기는 합니다……"

"전기가 아니네요?"

"네, 아닙니다."

"그럼, 석유인가요?"

"그것도 아니에요. 새로운 에너지 자원입니다. 환경에 나쁜 영향을 끼치지도 않죠."

"환경에도!"

놀라운 일이었다.

"내일, 저는 휴일이라 쉬는데요, 내일 함께 보러 갈래요? 이 세계의 온갖 것에 두루 사용되는 그 중요한 자원을 보러요."

"온갖 것에 다 사용된다고요? 그런 놀라운 자원을 볼 수 있는 곳이 있나요? 네, 꼭 데리고 가주세요. 부탁드려요."

나는 신사의 집에서 나왔다. 여성들도 아이들과 함께 집을 나왔다. 바깥은 벌써 어두웠지만 가로등 불빛이 부드럽게 길과 집들을 비추고 있었다.

이곳에서의 남녀 관계는 정말 자유로운 것 같았다. 어떻게 그렇게 잘 돌아가는지 이해할 수 없는 부분도 있었지만, 모두가 아무런 어려움도 겪고 있지 않는 것 같았다. 소유에 대한 우리와는 다른 관념도 이들의 의식에 얼마나 깊이까지 영향을 미치고 있는지 알 수는 없지만, 적어도 누군가를 독점하고 싶어 한다거나 질투를 한다거나 하는 감정은 아무도 갖고 있지 않은 것처럼 보였다. 독점이란 자기 만족에 지나지 않고, 질투는 자신만 힘들게 만들 뿐인지도 모른다.

결혼 제도가 없기 때문에 이혼도 없고, 누가 누구랑 살고 있고 그것이 어떤 관계이든 상관하지 않는 것 같았다. 우리네처럼 결혼이 중대하다는 생각도 전혀 없고, 결혼이 성공했네 실패했네 하는 평가도 없었다. 이혼하지 않으면 성공이라고 할 수 있는 것도 아니겠지만.

우리는 남녀 관계에서 지금 누구랑 사귀고 있느냐, 결혼을 할 것이냐 아니냐, 아이가 있느냐 없느냐 등등에 지나치게 구애를 받고 있다. 동시에 집안이 어떻고 저떻고 하면서 공연한 걱정거리를 만드는 일도 많다. 이곳에서는 어떤 제약이나 규칙도 없기 때문에 모든 것은 그저 되어가는 대로 맡기고, 그래서 오히려 어떤 문제도 일어나지 않는 것인지도 모른다.

나는 집으로 돌아와 침대에 누웠지만 가슴이 설레어 한동안 잠을 이룰 수 없었다. 내일은 이 세계의 모든 것에 두루 쓰인다고 하는 그 신비한 자원을 보러 간다. 도대체 어떤 것일까? 석유 같은 자원을 새로 찾아낸 것일까? 하지만 환경에 악영향이 없다고 하지 않는가? 혹시 우주에서 꿈과 같은 에너지 덩어리가 날아오기라도 한 것일까…… 설마, 그렇기야?

✻

눈을 뜨니 아침이었다. 나는 신사와 만나기로 한 역으로 나갔다. 신사는 어제 함께 있던 동양계의 여성과 여자아이, 거기에 흑인 여성과의 사이에서 얻은 남자아이와 12세 정도의 다른 남자아이 한 명을 더 데리고 나왔다. 새 아이는 다른 여성과의 사이에서 태어난 아이라고 했다. 그리고 흑인 여성은 어제 봤던 어린 여자아이와 그 아이의 아버지와 함께 지낸다며 오지 않았다고 했다.

역무원은 보였지만 따로 개찰구가 있지는 않은 역에서 전동차를 타고 잠시 가자 아름다운 자연이 차츰 우리를 감싸왔다. 다른 승객들이 거의 보이지 않게 되었을 즈음 전동차는 종점에 닿았다. 나는 바깥으로 나와 기지개를 켜면서 심호흡을 했다. 공기가 달았다.

남자아이는 여자아이의 손을 잡고 동양계 여성은 남자아이의 손을 잡고서 여섯이 나란히 걷기 시작했다. 길가에는 화려하지는 않지만 사랑스러운 꽃이 피어 있고 고운 나비들이 날아다녔다. 어릴 때 기억이 났다. 우리나라도 내가 어렸을 때는 자연이 그래도 가까이 남아 있었는데, 시간이 지나면서 벌레도 물고기도 모두 사라져버렸다.

나무 그늘에 들어가 찬 개울물에 손을 씻고, 가져온 도시락을 펼쳤다. 작은 남자아이의 엄마, 어제 맛있는 요리를 해준 흑인 여성이 만들어 보낸 것이라고 했다. 모두 맛있게 먹었다.

이 사회에서는 집 바깥의 일이건 안의 일이건 관계없이 서로 간에 역할 분담이 잘 되어 있었다. 하지만 그것은 각자 잘하는 일을 최대한 살려서 한다는 뜻이지, 결코 어떤 역할을 억지로 맡기거나 강요한다는 말은 아니었다.

누구나 자신이 할 수 있는 일을 자진해서 하고, 잘 못하는 것은 무리하게 하기보다 남에게 맡기며, 서로 감사한 마음을 나누고 베풀며 살아가는 것이다. 받는 사람도 겉치레 말 없이 당당히 받기 때문에 주는 사람도 마음 편히 주고 실력껏 솜씨를 발휘할 수 있는 것이다. 이 또한 돈이 존재하지 않는 나라의 문화와 크게 관계가 있어 보였다.

졸린다는 여자아이를 신사가 업고 다시 걷기 시작한 지 얼마 안 돼 눈앞에 거대한 옥수수 밭이 나타났다. 어렸을 때 시골에서 막 수확한 옥수수를 맛있게 먹던 기억과 함께 그 시절이 그립게 떠올랐다. 신사가 발길을 멈춰 서며 말했다.

"이것이 우리 사회를 지탱해 주는 소중한 자원입니다."

"네? 이것이요? 이건 옥수수 밭이잖아요?"

나는 맥이 빠졌다. 신사가 말했다.

"네. 우리는 사회에 필요한 에너지나 화학 물질 등을 주로 옥수수나 사탕수수, 유채 같은 식물에서 얻고 있거든요."

"그래요? 우리나라에도 흔히 있는 이런 식물에 그런 이용 가치가 있었다니 놀랍군요. 좀 자세히 설명해 주실래요?"

"그러죠. 식물의 줄기에서 나오는 섬유질은 종이를 비롯하여 이런 옷감이라든가……"

신사는 자신들의 옷을 가리켜보였다. 어제 집에서 입고 있던 옷도 그랬지만, 부드럽고 통풍이 잘되는 듯 보이는 옷이었다.

"또 가공 방법에 따라서는 주택 건축용 자재나 플라스틱이라든가……"

"아니, 그렇게나 다양하게요?"

"물론 식용으로도 쓰고, 종류에 따라서는 약으로도 씁니다. 거기에다 이런 식물에서 나오는 기름은 정말로 여러 가지로 쓸 수가 있어요. 어제 말씀드리다 말았지만 자동차를 움직이고 있는 것도 식물의 기름입니다."

"훌륭하네요! 진짜로 석유를 대신하는 거네요?"

"네. 거기에 화석 연료와 달리 식물은 자랄 때 이산화탄소를 흡수하기 때문에 환경에 해를 끼치지도 않죠."

"그런 놀라운 자원이 가까이 있는데도 우리는 전혀 이용할 줄 모르고 살았네요!"

나는 말할 수 없이 안타까운 느낌이 들었다. 눈앞의 옥수수는 그런 내 기분을 아는지 모르는지, 바람에 살랑살랑 몸을 흔들고 있었다.

식물을 그렇게 여러 가지로 쓸 수 있는 길이 있을 줄은 정말 몰랐다. 우리가 깨닫지 못하고 있을 뿐 지구의 모든 자원은 지금보다 훨씬 효과적으로 활용할 수 있는 방법이 있을지 모른다. 지금 지구 환경이 위기에 노출되어 있는 것은 우리가 그 사실을 깨닫지 못하고 자원을 제대로 사용하지 못한 탓이 아닐까?

돈에 휘둘린 채 경제 성장이라는 망상에만 사로잡혀 있는 우리 사회. 기아와 빈곤을 낳고, 전쟁을 일으키며, 환경을 파괴하고 있는 인간들. 지금 바로 가치관을 바꾸지 않고 이대로 계속 나아간다면 지구는 머잖아 생물이 살 수 없는 별이 되고 말 것이다.

환경을 파괴하고 있는 동물은 인간밖에 없다. 인간이 범하고 있는 잘못이므로 환경을 본래 상태로 되돌리는 일도, 모든 생물이 다시 잘살 수 있도록 하는 일도 모두 인간이 해야 하는 일이다. 내게는 이것이 지구가 인간에게 준 시험처럼 보였다.

문득 눈을 뜨니, 나는 침대에 누워 있었다. 천정의 얼룩도, 찢어진 포스터도 기억이 났다. 여기는 분명히 지구의 내 집이었다.

머리맡의 자명종 시계를 보니 벌써 일어나야 할 시간이 지나 있었다.

"큰일 났다. 또 벨 눌러놓는 걸 잊고 잠이 들었네!"

나는 서둘러 자리에서 일어났다.

제3장
돈이 필요 없는 나라의
병원

범죄자는 어떻게 합니까?
체포하지 않나요?

누군가를 고통스럽게 한 사람이 있다면,
그를 병원에 데려갑니다.
몸 아픈 사람을 치료하듯,
범죄자도 치료를 하죠.
처벌이 아니라……

＊

쉬는 날이었다. 볼일이 있어 시내에 나갔다 돌아오는 길이었
는데, 교차로에서 작은 소란이 벌어지고 있었다. 한 남자가 계
속해서 행인과 부딪쳤고, 그때마다 머리를 조아리며 사과를 했
다. 마치 도시에 처음 온 시골 사람 같아 보였다. 어디서 온 뭐
하는 사람일까? 양복 차림도 단정한데다 술에 취한 것 같지도
않았다.

그런데 어디선가 본 적이 있는 사람 같았다.
"저, 저 사람은!"
나는 깜짝 놀랐다. 돈이 필요 없는 나라의 그 신사가 이쪽
세상에 와 있었던 것이다! 나는 인파를 헤치고 신사에게 다가
가며 외쳤다.
"저, 저, 저기요."
신사가 돌아보았다.

"아, 당신이군요!"

역시 신사였다. 나를 보고 비로소 안심하는 눈치였다. 그러나 한가하게 서 있을 곳이 아니었다. 벌써 신호등의 파란 불이 깜박거리고 있었다. 나는 신사의 팔을 붙잡고 서둘러 교차로를 건넜다.

"도와줘서 고맙습니다."

"아니, 여길 다 찾아오시다니…… 놀랐어요. 하여튼 잘 오셨습니다."

"당신네 나라를 직접 한번 보고 싶어서요. 콜록콜록."

신사가 기침을 했다.

"괜찮으세요?"

"콜록. 네, 괜찮아요. 공기가 몹시 나쁘네요. 콜록."

"차라도 마시러 갈까요?"

"그래도 될까요?"

"네, 오늘은 휴일이라 회사에 안 갑니다."

찻집은 만원이었다. 잠시 기다려야 했다. 신사가 놀라운 듯이 물었다.

"정말 사람이 많네요?"

"그렇죠? 그쪽 세계보다 인구 밀도가 아주 높아요."

마침내 빈 좌석이 생겨 우리는 자리에 앉을 수 있었다. 테이블 위에 세워놓은 메뉴판을 열어 신사에게 건네자, 신사가 메뉴판을 살펴보며 말했다.

"정말이네! 숫자가 씌어 있네요!"

나는 웃었다.

"네, 그것이 가격입니다. 돌아갈 때 그 액수만큼의 돈을 내야 해요."

"네에!"

신사는 흥미로운 듯 메뉴판 여기저기를 자세히 살폈다.

커피를 한 잔씩 주문했고, 얼마 뒤 종업원이 가져온 커피를 한 모금 마시고 나서 신사가 말했다.

"혹시 이곳 일본에서는 커피 열매가 한 알도 나지 않는다는 거 알고 계세요?"

갑작스러운 질문에 나는 당황했다.

"네? 네, 알고 있습니다. 모두 수입하는 걸로 알고 있는데요."

"그럼, 농산물의 60퍼센트 이상을 수입해서 먹고 있다는 것도 아시나요?"

"네? 60퍼센트나요? 그렇다면…… 국내 생산으로는 40퍼센트도 자급을 못하고 있다는 얘기가 되는데……?"

"역시 모르고 계셨군요. 맞아요, 당신네 나라의 식량 자급률은 40퍼센트 이하입니다. 식량 자급률이 이렇게 낮은 나라는 부자 나라 중에서는 이 나라뿐이에요."

"그래요?"

"그것이 무엇을 의미하는지 아십니까?"

"네?"

✻

신사가 커피를 한 모금 더 마시며 말했다.

"만약 수입을 하지 않는다면 당신네 나라는 어떻게 될 것 같습니까?"

"…… 식량이 많이 부족해지겠죠?"

"네, 그렇게 되면 단순 계산만으로도 60퍼센트나 되는 사람들이 먹을 게 없어 고생을 하게 되겠죠."

"그렇다면 수입을 절대로 그만둘 수 없는 거네요."

"그렇죠. 만약 지금 당장 수입을 할 수 없는 상황이 벌어진다면 이 나라는 엄청 곤란해질 수밖에 없을 겁니다."

"수입할 수 없는 상황……?"

나는 파랗게 질려서 물었다.

"전쟁 상황 같은 것 말인가요?"

"그렇죠. 전쟁이나 경제 제재 같은 상황이 발생할 수도 있고, 어떤 이유에서든 수출국이 농산물을 더 이상 수출할 수 없는 상황이 생길 수도 있고요.❖

❖ (옮긴이) 이런 상황 중에서도 자연 환경의 변화가 가장 우려스럽다. 그중 첫째는 기후 변화이다. 이 점에 대해서는 미래학자들도 이구동성이다. '기후 변화에 관한 정부간 패널IPCC(INTERGOVERN-MENTAL PANEL ON CLIMATE CHANGE)'에 따르면 북극의 얼음이 녹아내리면서 앞으로 한쪽에서는 잦은 폭풍우와 해일로 인한 해수면 상승으로 세계 전역의 저지대가 모두 물에 잠기게 돼 식량 생산에 비상이 걸릴 것이라고 한다. 한편 다른 한쪽에서는 가뭄과 폭염이 이어지며 물 부족으로 고통을 받는 곳이 늘어날 거라고 한다. 그 결과 부족한 식량과 물을 얻기 위한 갈등이 테러와 전쟁을 불러올 것이라고 예견한다.

"겁나네요. 어찌됐든 절대 그런 상황이 생겨서는 안 되겠죠."

"그래요. 만약 지금 당신네 나라가 전쟁을 시작한다면 상대국은 아마 무기가 필요 없을지도 모릅니다. 식량을 끊으면 될 테니까요."

나는 할 말을 잃었다. 이렇게 먹을 것이 넘치고 있는데, 이제껏 풍요로운 나라라 여기고 살아왔는데, 이런 나라가 까딱하면 그런 위험에 빠질 수도 있다는 사실을 나는 믿을 수 없었다.

"어쩌다 이 지경에 이르게 된 걸까요?"

신사가 잠시 가만히 있다가 말했다.

"그건 제2차 세계대전 뒤에 이 나라의 산업이 부흥을 꾀하면서 농업 중심에서 공업 중심으로 바뀌었기 때문입니다. 그쪽이 성장의 길이라 여겼고, 여러분도 편리하고 쾌적한 생활만 추구하며 거기에 편승했고요."

"하지만 그런 바람은 당연한 거 아닐까요? 우리는 누구나 그런 생활을 바라지 않나요?"

"네, 하지만 정도라는 게 있지요. 산업이 균형을 잃으면 위험해집니다."

나는 한숨을 쉬었다. 우리는 오로지 경제 성장을 목표로 근면성실하게 일해 왔을 뿐이다. 그 과정에서 일어난 자연 환경의 파괴는 알면서도 눈을 감을 수밖에 없었다. 그런데 식량마저

자급을 못하는 나라가 되다니! 어쩌다 이 지경이 되었나!

"앞으로 이 나라는 어떻게 하면 좋을까요?"

"문제는 그것 말고도 인구 증가, 포식, 사치 등등 끝이 없습니다. 한편 식량 자급률은 쉽게 끌어올릴 수 없다는 점에서 문제 해결이 간단치 않지요. 이렇게 된 이상, 먼저 농산물 수입에 문제가 생기지 않도록 세계의 모든 나라와 우호적인 관계를 유지할 필요가 있겠죠."

나는 일부러 밝은 목소리로 말을 했다.

"그렇게 할 수 있다면 좋겠습니다만."

신사가 쓴웃음을 짓고 나서 말했다.

"네, 전화위복이라는 말이 있지요. 어쨌거나 이 나라는 세계 평화를 목표로 노력할 수밖에 없습니다. 그것은 곧 식량 위기를 통해 세계 평화에 기여할 수 있다는 뜻이기도 해요. 그런 의미에서 전화위복이 될 수도 있다는 겁니다."

바람직한 방향이었다. 하지만 대다수 국민이나 정치를 하는 사람들은 그 사실을 잘 알고 있지 못할 것 같았다. 생각해 보면 암담한 일이었다.

"그런데 우리나라 사정을 참 잘 알고 계시네요!"

나는 감탄하지 않을 수 없었다. 신사가 대답했다.

"네, 당신을 만난 뒤로 돈이라는 것이 존재하는 당신네 나라에 흥미를 갖게 됐죠. 그래서 틈틈이 조사를 하기 시작했는데 멈출 수가 없더군요. 그렇게 빠져들다 보니 이제 이곳까지 오게 됐네요. 와서 내 눈으로 직접 확인을 해보고 싶었어요."

신사는 잔 속의 커피를 들여다보며 조금 쓸쓸해 보이는 얼굴을 했다. 내가 걱정스런 얼굴로 물었다.

"왜, 무슨 일이라도 있습니까?"

"이 커피에도 사연이 많아요. 세계의 여러 선진국들에서 처음 커피 거래를 틀 때 원산지에서 어떤 일이 있었는지 혹시 아시나요?"

"글쎄요, 제가 생각하기에는 브라질 같은 커피 생산 국가에 여행이나 사업차 갔다가 거기서 커피를 접하고, 그 맛에 반해 자기 나라에 수입하면 좋겠다는 생각을 하게 되었을 것 같고, 그것이 거래의 출발점이 되지 않았을까요?"

"네, 그건 그런데요, 실은 일반 사람들은 잘 모르는 매우 황당한 일이 커피를 둘러싸고 일어났고, 현재도 여전히 일어나고 있어요."

"정말요? 알고 싶네요. 어떤 일이 있었나요?"

그러자 신사는 그때까지 내가 몰랐던 놀라운 이야기를 들려주기 시작했다.

"야, 처음 보는 사람이네! 어디서 왔어?"

"바다 저쪽에서."

"오, 그래! 잘 왔어. 바다 저쪽 사람은 살색이 희군!"

"그래. 우리는 모두 흰색 피부를 가지고 있어."

"모두 너와 같은 모습?"

"응. 하지만 너희처럼 벌거숭이는 아니야."

좋은 향기가 났다.

"어이, 이 향기는 뭐야?"

"커피."

"커피?"

"응. 여기는 커피나무라는 나무가 있어. 그 나무 열매가 익으면 따서 갈고, 거기에 물을 부어 우려내서 만들어."

"음료수인가?"

"응, 음료수야. 한 잔 마셔볼래?"

남자 앞에 컵이 놓였다.

"향이 참 좋은데!"

남자는 한 모금 마시고 황홀한 듯이 눈을 감았다.

"정말 맛있다!"

"너희 나라에는 없어?"

"응. 이런 음료수는 처음이야."

"그래! 마음에 들면 가져가."

"그래도 돼?"

"응. 자연이 베푸는 은혜는 나만의 것이 아니야. 우리 모두의 거야."

남자는 기뻐하며 커피 열매가 든 자루를 메고 자기 나라로 돌아갔다.

얼마 뒤 그 남자가 다시 왔다.

"네가 준 그 커피, 우리나라에서 대인기였어."

"그랬어? 잘됐군. 그럼 또 가져가고 싶은 만큼 가져가."

"아, 아니야. 오늘은 말이지. 좋은 이야기를 가져왔어."

"좋은 이야기?"

"앞으로 커피 열매가 많이 필요하게 됐어. 물론 그냥은 아니야. 돈을 줄게."

"돈?"

"응. 돈이란 말이지, 갖고 있으면 세상의 모든 것과 바꿀 수 있는 거야. 못 바꿀 것이 없어."

"우린 그런 거 별로 필요 없는데?"

"하하하, 그건 네가 몰라서 그래. 돈은 정말 좋은 거야. 먹는 것도 살 수 있고. 바다 저쪽의 온갖 물건과도 바꿀 수 있어."

"바다 저쪽에는 무엇이 있는데?"

"네가 상상도 할 수 없는 대단한 물건이 아주 많아. 그러니 커피 열매를 팔아."

"얼마나 필요해?"

"많이 있으면 좋겠어. 지금과 같은 규모의 밭으로는 부족하겠어. 그러니 옥수수 밭을 커피나무 밭으로 바꿔줘."

"저건 우리의 식량이야."

"돈만 있으면 식량 따위는 얼마든지 살 수 있어. 바다 저쪽에는 맛있는 것이 산처럼 있어."

"그래? 그럼 해볼게."

"그래 그래. 넌 머리가 좋군. 앞으로는 우리가 커피 열매를 많이 사게 될 거야."

옥수수 밭은 커피 밭으로 바뀌었다. 그와 동시에 그 마을에는 바다 저쪽에서 식량이 들어왔다. 식량이 늘어나자 인구가 늘어났다.

"좋아, 좋아. 밭을 더 늘리고 거기에 커피나무를 재배하자. 식량은 사들이면 되니까."

바다 저쪽에서는 커피가 크게 유행하며 커피 열매가 더 많이 필요해졌다.

어느 날 그 남자가 와서 말했다.

"커피가 더 필요해. 그러니 숲을 베어내고, 거기에 커피나무를 심어줘."

"그건 안 돼."

"왜?"

"약속이 있어."

"무슨 약속?"

"나무는 많이 베면 안 돼. 동티를 입어. 우리에게 숲은 신성한 곳이야. 함부로 나무를 베면 안 돼. 그건 우리의 오래된 약속이야."

"하하하, 그런 말도 안 되는 소리를 믿다니! 나무 따위는 얼마든지 있잖아. 그보다는 커피 열매를 팔아 돈으로 바꾸는 쪽이 좋아. 돈만 있으면 못할 일이 없어. 내가 이런 말을 하는 것은 다 너희를 위해서야."

수많은 나무가 베어지고, 광활한 크기의 커피나무 밭이 생겼다. 인구는 점점 더 늘어났다. 커피나무 밭이 늘어나는 만큼 숲은 점점 더 줄어들어 갔다.

"어이, 너는 이제 일하지 말고 커피나무 밭을 관리해. 일은 사람들을 불러서 시켜. 너에게는 돈을 많이 줄 테니, 그것을 일꾼들에게 조금씩 임금으로 나눠줘. 알았지?"

그렇게 해서 지주와 소작인이 생겼다. 수많은 사람이 커피나무 밭에서 일을 했다.

얼마 지나지 않아 커피 열매의 질이 떨어졌다. 같은 땅에서 동일한 작물을 계속해서 재배한 까닭에 땅이 척박해진 것이다.

"괜찮아. 이 비료를 써봐."

바다 저쪽에서 온 화학 비료가 쓰이기 시작했다. 그와 동시에 자연의 균형이 파괴되고, 해충이 발생했다.

"걱정할 거 없어. 이 농약을 쓰면 돼."

농약을 쓰면서 자연의 균형은 더 무너지고, 해충이나 병은 더 심해져갔다. 온갖 농약을 쓰면 쓸수록 더 강한 해충과 병이 나타났다. 끝이 없었다. 그 악순환에 원산지 농부의 고통은 자꾸 늘어만 가는데, 커피 인기는 바다 저쪽에서 점점 더 높아져갔다.

"이번에는 이 기계를 써봐."

생산성 향상을 위해 기계가 도입되었다. 그 기계가 들어오자 커피나무 밭에서 일하던 많은 사람들이 일자리를 잃었다. 그 나라는 그 사이에 돈이 없으면 살아갈 수 없는 나라로 바뀌어 있었다. 수많은 어른들과 어린이들이 굶주림으로 고통을 받기 시작했다.

얼마 지나지 않아 농약과 화학 비료를 주는 부자연한 농법에 한계가 찾아왔다. 농업은 파탄했고, 일자리는 사라졌다. 남은 것은 농약과 기계 따위를 살 때 얻은 엄청난 액수의 빚뿐이었다.

정신을 차리고 나니 백인도 지주도 없었다. 먹을 것도 없고 작물도 안 되는 그 나라에는 대량의 난민만 남았고, 굶주려 죽는 이가 끝없이 이어졌다.

그리고 마침내 전쟁이 일어났다. 사람들은 바다 저쪽에서 수입해 들여온 무기를 들었다. 백인들은 커피 거래 뒤에서 무기 거래도 진행해 왔던 것이다. ❖

❖ (옮긴이) 프란치스코 교황 역시 돈 중심의 세상에 비판적이다. 그는 간곡하게 이렇게 말한다. "십계명의 '살인하지 말라' 계명을 현재에 맞게 고쳐 말하면 '경제적 살인을 하지 말라'가 되어야 할 것이다." 무슨 말인가? 자본주의는 돈이 지배하는 사회 체제이기 때문에 돈이 곧 신神이다. 그러므로 사람들은 이익 추구를 당연히 여기고, 이를 위해 착취도 서슴지 않는다. 돈이 왕 행세를 하는 이런 정의롭지 못한 구조를 교황은 '야만적 자본주의'라 부른다. 야만적 자본주의 속에서 빈부 격차는 점점 더 벌어지고, 돈 없는 사람들

은 그로 인해 고통을 받는다. 교황은 말한다. "이런 경제는 사람을 죽인다. 이것이 경제적 살인이다."

나는 잠시 말이 나오지 않았다.

"…… 인구가 폭발적으로 증가한 게 그런 이유 때문이었군요?"

"네. 그런 예가 커피만이 아닙니다. 그 밖의 특산물 거래에서도 적든 많든 비슷한 일들이 일어났습니다."

"설마 그런 일이 인구 폭발이나 분쟁의 원인이었다니……?"

"식량이 늘면 인구가 늘어납니다. 인간이 자연에서 벗어난 짓을 하기 때문에 비극이 생기는 거예요. 통계를 보면 과거에 이웃나라의 식민지가 되었다든지 하는, 이른바 선진국과 자의든 타의든 접촉한 민족이나 나라에서만 인구 폭발이 일어나고 있어요."

"저는 그동안 인구 폭발은 가난하기 때문에 일어나는 거라고 생각을 했어요. 그런데 그게 아니네요?"

"가난한데다 식량까지 없으면 인구는 늘어날 길이 없죠."

"생각해 보니 그렇군요. 어째서 우리는 그걸 알지 못했을까요?"

"잘못된 보도 때문입니다. '가난한 나라에서 지나치게 인구가 늘어나고 있다, 가난한 나라가 전쟁을 하고 있다'는 식의 보도를 접하면서 빈곤이 인구 폭증의 원인이라고 잘못 알게 된 거죠. 사실 빈곤은 인구의 폭증과 분쟁의 결과입니다. 그리고 인구 폭증과 분쟁의 원인은 앞에서 말씀드린 대로 부자 나라의 풍요로운 생활에 있고요."

나는 견딜 수 없는 기분이 되었다.

"그게 그런 것이었나요? 놀랍네요. 우리가 배부르게 먹고 사치부리는 것이 우리가 모르는 곳의 수많은 사람들을 고통 속으로 몰아넣고 있었다니? 그러고 보면 우리도 그 대열에 참가하고 있었던 셈이네요!"

"그렇습니다. 당신네 나라에는 식량 말고도 수입에 의존하는 것들이 많지 않나요?"

"네, 우리나라 사람들은 싫증을 잘 내서 외국에서 이것저것 많이 들여오죠. 그 가운데 많은 것들이 일시적인 붐으로 끝나고, 그 뒤에는 쓰레기로 버려지고요."

"그때마다 생산지의 사람들은 비참한 꼴을 당하죠. 그렇게 돈으로 바꿀 수 있는 작물을 환금換金 작물이라고 합니다."

우물쭈물하고 있는 나에게 신사가 말했다.

"알고 계신지 모르지만, 당신네 나라 또한 인구가 폭발적으로 늘어난 나라입니다."

나는 의외의 말에 얼굴을 들었다. 신사가 말을 이었다.

"아시겠지만 일본 인구는 에도 시대에는 3천만 명 정도였습니다. 그것이 지금은 1억 2천만 명 이상이 됐지요. 몇천 년 동안 그렇게 크게 늘어난 적이 없는데, 100년 조금 더 지나는 사이에 네 배 이상 늘어났어요. 이것이 인구 폭발이 아니면 뭐겠어요?"

"왜 그렇게 갑자기 늘어난 걸까요?"

"왜인 것 같습니까?"

그 순간 문득 깨달았다.

"아, 쇄국鎖國을 풀었기 때문인가?"

신사가 고개를 끄덕였다.

"네, 그렇습니다. 서양에 문호를 개방하면서 이 나라로 새로운 기술과 농약이 들어왔죠. 그것이 자연을 파괴하고 전통 농업을 파탄시킨 겁니다. 그러면서 식량을 수입에 의존하게 된 것이 인구 증가의 원인이었을 겁니다. 의학의 진보 등 다른 원인들도 물론 있었을 테지만."

신사가 말을 이어갔다.

"본래 일본에서 자급자족이 가능한 인구, 바꿔 말하면 일본 국토에서 살아가기에 알맞은 사람의 숫자는 많아야 3천만 명 정도가 아닐까 생각합니다."

분명히 지금 일본에는 사람이 지나치게 많다는 생각이 든다. 특히 도시는 주택 문제, 고용 문제, 쓰레기 문제 등으로 벌써 한계 상황이다. 사람이 너무 많다. 정신적으로 병을 앓고 있는 사람도 많은데, 그 원인은 그런 무리한 환경 아래서 사람들과 맺고 있는 관계나 서로 간의 경쟁에 있는지 모른다.

경제 성장이나 장래의 일손 부족 따위를 고려하지 않아도 된다면, 인구 감소는 조금도 나쁜 일이 아닐 것이다. 설령 일시적으로 고령화 사회가 되더라도 그것이 다음 사회를 향한 한 걸음이라면 어쩔 수 없는 일이리라. 어찌됐든 돈이 필요 없는 나라라면 그런 점들은 전혀 문제가 안 될 것이 틀림없다.❖

❖ (옮긴이) 인구의 폭발적 증가는 어느 한 나라만의 문제가 아니다. UN의 자료에 따르면, 1850년에 11.7억 명이었던 세계 인구는 100년 후인 1950년에는 24.9억 명으로 늘어났다. 100년 동안 대략 두 배로 늘어났다. 하지만 1994년에는 56.7억 명이 되었다. 50년도 채

안 돼 두 배 이상 늘어난 것이다. 2017년 현재는 76억 명이고, 2030년이 되기 전에 100억 명을 돌파하게 될 거라고 한다. 1950년부터 계산하면 80년 만에 지구 인구는 네 배로 불어난다는 말이다.

━━━━━━━━━

찻집을 나오며 나는 카운터에서 커피 값을 치렀다. 신사는 곁에 서서 내 지갑과 우리가 돈을 주고받는 모습을 이상한 듯 지켜보았다. 찻집 주인에게는 그런 신사의 행동이 이상해 보였으리라.

✳

나는 신사를 데리고 집으로 가기로 했다. 신사는 전철의 개찰구를 표 없이 빠져나가려고도 하고, 포스터 광고나 대형 간판 등을 비롯해 온갖 것에 관심을 보이기도 했다. 그리고 그때마다 멈춰 서서 내게 설명을 부탁했다. 그 바람에 집에 도착하기까지 꽤 긴 시간이 걸렸다. 내가 열쇠로 현관문을 열자 그는 열쇠에도 흥미를 보였다. 소유 개념이 없는, 돈이 필요 없는 나라에는 열쇠도 없는 듯했다.

집에 들어온 신사는 먼저 테이블 위에 놓여 있던 신문을 집어 들더니 놀란 듯이 물었다.

"이건…… 뭔가요?"

"네, 신문이라는 거예요. 뉴스, 세상의 온갖 소식들을 전해주죠."

"이걸 보는 데도 돈이 드나요?"

"물론입니다. 구독료와 광고료를 받아서 그 돈으로 신문을 만드니까요. 배달도 해야 하고요."

"배달? 누가 집까지 가져다줍니까?"

"네."

"열흘에 한 번 정도로요?"

"아니요. 날마다 가져다줘요. 석간도 받아본다면 하루에 아침저녁 두 차례 배달해 주지요."

"아……!"

신사의 눈이 동그래졌다. 신사가 신문을 찬찬히 살펴보며 말했다.

"이 정도의 취재나 편집을 하려면 대단한 노력이 필요할 것 같은데, 날마다 이렇게 많은 기사를 읽을 수 있나요?"

"아니, 제목 정도는 한 차례 훑어보지만, 제 경우에는 특별히 흥미가 있는 기사만 읽어봐요. 시간도 그리 많지 않고요."

"그렇다면 아까운 일이네요. 종이도 엄청 쓰고 있는데."

"그렇긴 하지요. 읽지 않을 거면 구독하지 않는 게 좋겠죠. 신문지는 재활용이 되고 있는 것 같지만, 신문을 만드는 데는 아주 많은 나무가 필요할 테니까요. 하지만 신문사 입장에서는 일정한 숫자의 독자들이 구독을 해주지 않으면 힘들어지죠."

"그것도 역시 돈 때문인 거죠?"

"돈이라기보다 경영을 해야 하니까요."

신사가 웃으면서 받았다.

"그게 그거 아닌가요?"

나는 손을 들지 않을 수 없었다.

"그렇긴 하죠. 이 사회에서는 어떤 일이 되었건 먼저 돈벌이가 되는지부터 생각하지 않을 수 없어요. 그것이 이 사회의 특징이죠."

신사는 신문지 사이에 끼어 있는 여러 장의 광고지도 이상한 듯 뒤적거렸다.

내 기억으로는, 돈이 필요 없는 나라에서는 광고지에 실리는 정보가 우리보다 훨씬 적었다. 누군가 그런 정보를 일부러 감추는 것은 결코 아니고, 필요하다면 어떤 정보라도 얻을 수 있었다. 하지만 보통은 다들 생활에 필요한 정보 말고는 그다지 얻으려 하지 않았다. 물건도 그 기능 정도는 알릴 필요가 있지만 가격을 고지할 필요도 없고, 더구나 구매자가 없어도 곤란할 게 없기 때문에 전달할 정보량도 얼마 안 되었다.

한동안 신문을 읽고 있던 신사의 입에서 갑자기 신음소리가 새어나왔다.

"으음……"

나는 깜짝 놀라서 물었다.

"무슨 일이세요?"

"아니, 어떻게 이런 일이……?"

신사는 사회면의 기사를 읽고 있었던 듯했다.

"아, 이 연쇄 살인 사건 기사를 읽으셨군요!"

"어떻게 사람이 사람을 죽일 수 있죠? 그것도 연달아서. 전쟁도 아니고."

"네, 최근에 이렇다 할 이유도 없이 사람이 사람을 죽이는 일이 많이 생기는 것 같아요."

"이유도 없이……? 만에 하나 전쟁 상황이라 해도 저는 사람이 사람을 죽여서는 안 된다고 생각합니다."

"우리나라는 끝없이 경제 발전을 추구해요. 그 와중에서 많은 사람들이 고통을 받고 있죠. 그러면서 온갖 이상 현상이 나타나고 있어요."

"……"

"그 연쇄 살인 사건의 범인은 아마 사형을 당할 겁니다."

"사형이요?"

"네, 재판에서 사형이 확정되면 죽음에 처해지고요."

"재판이요?"

"네, 범죄자가 지은 죄를 심판해서 형량을 정하는 걸 재판이라고 합니다."

"사람이 말인가요?"

"네, 사람이 아니면 누가 심판을 하겠어요?"

"우리는 아무도 심판하지 않아요."

"그럼 범죄자는 어떻게 합니까? 체포하지 않나요?"

"범죄랄 것도 별로 없지만, 만약 누가 누군가를 고통스럽게 하고, 그 고통을 준 사람이 뭔가 조치를 받을 필요가 있을 때는 병원에 연락을 합니다."

"네? 병원에요?"

"병원에서 사람이 와서 살펴보고, 필요하다면 고통을 준 그 사람을 데려가죠."

뭐라고? 경찰의 역할을 병원이 대신 한다는 말인가?

"그래서 범인은 어떻게 되는데요?"

"입원을 시켜요."

"그래서요?"

"그것으로 끝이에요."

"네? 언제까지 입원을 시켜둔다는 말씀인지?"

"병이 나을 때까지."

"네에……!?"

도무지 무슨 말인지 알아들을 수 없었다.

"죄의 경중이나 병원에 입원시키는 기간 등은 어떻게 정해
요? 누군가 그걸 정해줘야 하지 않나요?"

"사람이 다른 사람의 죄가 무겁다 가볍다 판단할 수 있는 것
도 아니고, 그 병이 언제 나을지도 알 수 없는 것 아니겠어요?
그러니까 나을 때까지 기다렸다가, 다 나으면 퇴원을 시키는 겁
니다."

말을 듣고 보니 형량 등을 재판에서 결정한다는 게 이상할
수도 있겠다는 생각이 들었다. 적어도 재판이 행해지는 시점에
서는 앞날의 일을 알기 어렵다. 그러므로 이때 형량을 정해버리
면 바람직하지 않은 일들이 생길 수도 있다. 아직 바로잡아지
지 않은 사람을 형기가 끝났다고 출소시키면 다시 범죄를 저지
르기 쉽다. 실제로도 그런 일이 많지 않은가! 거꾸로 자신이 지

은 죄를 깊이 반성하고 있어서 사회로 바로 복귀시켜도 괜찮겠다는 판단이 드는 사람이라면 곧바로 출소시키는 것이 좋지 않을까? 범죄자를 죄인이 아니라 아픈 사람으로 본다면, 그 사람을 감옥에 보내 처벌하는 것이 아니라 병원에 입원시켜 치료하는 것이 당연한 일일 것이다!

돈이 필요 없는 나라에는 당연히 돈이 존재하지 않는다. 바로 이 점이 우리 사회와 가장 큰 차이를 빚어내는 것 같다. 우리 사회의 온갖 비리와 범죄 등은 돈과 관련되어 있지 않은 경우가 거의 없다. 그렇다면 돈이 존재하지 않는 것만으로도 거의 모든 문제는 사라지게 될지 모른다. 그러므로 돈이 필요 없는 나라에서는 범죄가 있다손 치더라도 우리 세계와는 비교가 안 될 만큼 적을 것이 틀림없다. 물론 금전 문제는 아예 일어날 수가 없고, 벌금 제도처럼 돈으로 문제를 해결할 일도 없기 때문에, 재판이라는 것 자체가 불필요할지 모른다. 그렇다면……?

"혹시 그 나라엔 법도 없는 건 아닌가요?"

예상대로였다.

"법이요?"

나는 벌어진 입을 다물지 못하며 말했다.

"법이란 사회 생활을 하는 데 해서는 안 되는 일 등을 조목 조목 정해놓은 것을 말해요."

신사가 웃었다.

"그런 건 굳이 정하지 않아도 아는 것 아닌가요?"

나는 잠시 생각해 보고 나서 대답했다.

"네, 그건 그렇죠. 법 따위 잘 몰라도 보통 사람은 그런 나쁜 짓을 하지 않죠. 하지만…… 우리 사회에서는 법이라는 기준이 없으면, 어떤 행위가 죄가 되는지 판단하기 어려운 경우가 많거든요."

"그렇군요. 우리는 남에게 폐를 끼치는 행위를 죄라고 부르는 정도입니다."

신사의 말을 듣고 보니 그 말이 맞다 싶었다. 무엇이 죄인지 꼼꼼하게 정의하는 것 자체에 무리가 있을지도 모른다. 만약 돈이 필요 없는 나라에서 법을 만든다면 "남에게 폐가 되는 행동을 하면 안 된다"는 정도로 충분할 것 같았다. 하지만 돈이 존재하는 사회에서는 어쩔 수 없이 법이 필요하지 않을까?

"우리 사회에서는 법이 없으면 틀림없이 남의 것을 훔치거나 폭력을 휘두르는 사람이 늘어날 겁니다."

"왜 그렇죠?"

"돈이 부족하거나 더 많은 돈을 가지고 싶을 때는 남의 것을 빼앗는 것이 제일 빠르니까요."

"당신도 그렇게 하세요?"

"아뇨, 저는 안 합니다."

"그럼, 모든 사람이 그렇게 안 하면 되지 않나요?"

"그거야 그렇지만 이 세상에는 나쁜 사람도 있거든요."

"나쁜 사람?"

"네, 남의 것을 훔치는 나쁜 사람 말예요. 그런 사람이 우리 사회에는 있어요."

"누구나 바라는 것이 있으면 갖고 싶은 게 당연하지 않나요?"

"하지만 남의 것은……"

그렇게 말하면서 나는 문득 깨달았다. 돈이 필요 없는 나라에서는 소유 관념이 없는 것이다. 그러므로 본래 누구의 것이라는 의식도 없었다. 말하자면 모든 것은 빌린 물건이었다. 기본적으로는 자신이 필요로 하는 것은 무엇이든 자유롭게 가질 수 있기 때문에, 굳이 남이 쓰고 있는 것을 빼앗을 필요가 없었다. 그런 곳에서는 남의 것을 훔치거나 빼앗고자 하는 마음 자체가 생길 수 없으리라.

신사가 내 말을 이해하지 못하는 것도 무리가 아니었다. 우리가 돈이 존재하지 않는 세계를 상상하기 어려운 것처럼, 신사에게는 돈이 필요한 세계를 상상하기가 어려울 것이다.

하지만 돈이 존재하지 않는다면, 그때도 과연 법이 필요할까? 폭력은? 왜 폭력이 일어날까? 원망이나 증오는? 하지만 그런 것은 법이 있다고 해서 멈출 수 있는 것이 아니지 않은가? 법이란 사건이 일어난 뒤에 죄의 경중이나 죄의 내용을 판단하는 데 쓰일 뿐이지 않은가? 돈이 없는, 그래서 재판도 없고, 범죄자를 그저 환자로 다룰 뿐인 나라에서는 법이 굳이 필요하지 않으리라.

하지만 국가 단위의 폭력인 전쟁은 어떤가? 전쟁은 왜 일어나는 것일까? 그것은 아마도 누군가가 무언가를 지배하고 싶기 때문일 것이다. 다른 나라의 땅이나 재산을 자기 것으로 만들고 싶기 때문일 것이다. 결국 지배욕도 소유욕의 한 종류라고 할 수 있을 텐데, 그렇다면 소유가 없는, 돈이 필요 없는 세상에서는 국가 간의 폭력이나 전쟁 역시 일어날 일이 없을 것이다.

전쟁의 목적이 소유욕과 무관한 경우도 물론 있을 수 있다. 그러나 이 나라의 법률은 저 나라에서는 효력을 발휘하지 못하고, 또 설령 전쟁을 방지할 목적으로 만든 어떤 법률이 있다 해도 현실적으로 그 법률을 가지고 전쟁을 막기도 어려운 일 아닌가? 전쟁을 하고 싶은 국가는 전쟁을 벌일 수 있도록 법률을 바꿔버리는 일도 있으니 말이다.❖

❖ {옮긴이} 일본이 그 한 예이다. 일본은 일본 헌법 제9조에 따라 현재 전쟁을 할 수 없는 나라이다. 일본 헌법 제9조는 다음과 같다.

"1. 일본 국민은 정의와 질서를 기조로 하는 국제 평화를 성실히 희구하며, 국권을 발동해야 하는 전쟁과, 무력에 의한 위협 또는 무력의 행사는 국제 분쟁을 해결하는 수단으로서는 영구히 이것을 방기한다.

2. 전항의 목적을 이루기 위해 육해공군 기타의 전력, 이것을 보지保持하지 않는다. 나라의 교전권交戰權, 이것을 허락하지 않는다."

무슨 말인지 알아듣기 어렵게 씌어 있지만, 요약하자면 그 내용은 "전쟁을 하지 않겠다. 그것을 위해 육해공군을 두지 않겠다"는 것이다. 하지만 일본은 자위대, 곧 방위를 위한 군대를 두고 있다. 나아가 현 집권 세력인 아베 정부는 파병까지 가능하도록 헌법을 바꾸려 하고 있다. '전쟁을 할 수 없는 나라'에서 '전쟁을 할 수 있는 나라'로 바꾸려고 하는 것이다.

법으로 폭력을 멈출 수 없고 결국 소유욕이 문제라면, 법과 상관없이 돈만 없으면 폭력이나 전쟁은 멈추게 되지 않을까? 한편 법이 있든 없든 사람들의 의식이 성장하지 않는 한, 다시 말해 소유의 욕구나 서로 대립한다는 생각에서 벗어나지 않는 한 평화로운 세계는 실현될 수 없을 것이다.

폭력도 그렇지 않을까? 돈이 존재하지 않는 사회에서는 폭력이 일어날 일이 거의 없을 것이다. 물건은 물론 사람에 대해서도 소유욕이 없고, 모두가 자립해 살면서 상대의 자유를 인정하고 서로 협력하며 사는 세계에서 누가 굳이 남에게 폭력을 휘두를 필요가 있겠는가? 그런 짓을 한다면 그런 사람이야말로 중병 환자이다.

내가 물었다.

"병원에서 나온 사람들, 다시 말해 남에게 폐를 끼친 사람을 잡아서 데려가는 사람들은 구체적으로 어떤 방식으로 그런 일을 합니까?"

신사가 대답했다.

"혼자서 하지는 않아요. 대개 여러 명이 그룹으로 활동을 하죠. 다양한 경우들이 있겠지만, 대개는 먼저 피해를 입었다는 사람을 찾아가 사정을 듣고, 필요하다면 주위 사람들이나 관계

있는 사람들의 이야기도 들으면서 확인을 합니다. 대화로 이야기를 풀고자 할 때는 문제를 일으킨 당사자를 포함시켜 이야기를 나누고, 그래도 해결이 안 돼서 치료가 필요하다고 판단되면 병원으로 데리고 가죠."

"아, 잡아들이는 일만 하는 게 아니라 그 외에도 여러 가지 일을 하는군요. 그 사람들은 그런 자격을 가진 사람들인가요?"

"자격이요?"

신사는 손가락으로 사각 모양을 만들어 보이며 물었다. (일본어에서 '자격'과 '사각'은 똑같이 '시카쿠しかく'로 발음되는 동음이의어다.─옮긴이) 나는 이전에 삼각관계에 관해 이야기 나눌 때 신사가 손가락으로 삼각 모양을 만들어 보이던 것이 기억났다. 내가 씁쓸하게 웃으며 말했다.

"자격이 무슨 뜻인지 모르시나 보네요?"

신사는 조금 미안하다는 얼굴로 웃으며 말했다.

"굳이 설명하지 않아도 알 것은 같아요."

신뢰가 바탕이 되어 있고 돈이 필요 없는 나라, 그런 나라에서는 법도 필요 없고 자격 제도가 없어도 문제가 일어나지 않을 것이다. 거기에 견주면 우리 사회는 모든 것을 제도나 규칙으로 꼼짝 못하게 만들어놓고 있다.

서로 믿을 수 없기 때문일까? 아니면 그런 사람들도 있다고 여기기 때문에 그렇게 하지 않을 수 없는 것일까? 아니면 돈이라는 존재가 서로간의 신뢰를 깨뜨리고 제도가 필요한 사회를 만들고 있는 것은 아닐까? 어찌됐든 돈이 존재하지 않는 나라가 여기보다 훨씬 더 안심하고 살 수 있는 나라인 것만은 틀림없을 것 같다.❖

❖ (옮긴이) 저자는 자신의 홈페이지에서 이렇게 말한다. "돈이 필요 없는 나라가 된다면 아마도 이 사회에서는 당연하다고 여기는 많은 일들이 뒤바뀔 게 틀림없습니다. 어쩌면 갖가지 제도는 물론이고 국가도 사라질지 모릅니다. 그런 의미에서는 '돈이 필요 없는 나라'보다는 '돈이 필요 없는 세계' 쪽이 더 맞는 이름인지도 모르겠습니다."

내가 물었다.

"하지만 범죄가 거의 일어나지 않는다면 병원 사람들은 할일이 별로 없겠네요? 할 일이 없을 때 그 사람들은 뭘 하고 지내나요?"

"모두 이런저런 일들을 갖고 있어서 할 일은 얼마든지 있습니다. 그들은 늘 몸을 단련하는데요, 움직임이 빠르고 힘이 좋아서 아무도 그들로부터 도망칠 수가 없죠."

신사가 말을 이어갔다.

"그들 중에는 스포츠 선수가 많아요. 그래서 평소에는 운동경기를 하느라 바쁘죠."

아, 그렇다면 얼마나 즐거운 사회인가!

나는 질문을 이어갔다.

"병원에는 그런 사람 말고도, 예를 들면 몸이 아픈 진짜 환자도 있을 거 아닙니까? 부상을 당했다거나……"

신사가 대답했다.

"네, 물론이지요."

"돈이 없는 나라의 병원도 역시 병원이니까 내과나 외과 같은 여러 전문 분야들로 나뉘어 있겠지요?"

"뭔가요, 그게?"

"네? 아니, 몸의 각 부분을 구분해서 전문적으로 공부한 의사 말입니다."

"아, 만약 뼈가 부러졌다면 특별히 그쪽 기술을 익힌 의사가 치료를 하지요. 하지만 대개의 경우는 모든 의사가 분야를 가리지 않고 다 치료합니다."

"네, 대단하네요. 그 정도로 공부를 하자면 힘이 들겠어요."

"네, 나름대로 공부가 필요하죠. 아픈 사람을 도와주고 싶은 사람이 의사가 되기 때문에, 그들은 늘 알아서 열심히 공부를 합니다. 하지만 환자의 이야기를 들어준다거나 손을 잡아준다거나 하는 것만으로도 환자가 낫는 일이 많아요."

"네!?"

저쪽 세계에서는 일반적으로 이루어지는 치료일지라도 그것은 내가 간단히 이해할 수 있는 것이 아니었다. 어쩌면 잠재 능력을 개발하면 누구나 기적과 같은 일을 일으킬 수 있을지도 모른다.

돈이 없는 나라에서는 범죄자를 처벌하는 것이 아니라 치료를 한다. 범죄자를 채찍이 아니라 이해와 사랑으로 대하는 것이다. 이 세상에 자신의 말을 들어줄 사람이 한 명도 없다는 데서 많은 사람들이 범죄를 저지르게 된다고 하지 않는가? 그런 사람은 병원에서 그가 하는 말을 들어주기만 해도 병이 낫는다는 것이다.

"역시 병은 마음의 영향이 큰 것 같아요."

"그렇지요. 몸과 마음은 나눌 수 없잖아요? 몸 또한 모든 장기가 서로 연결되어 있기 때문에, 어디를 치료하든 전체를 아울러 보지 않으면 근본적인 치료를 할 수 없고요."

몸 전체는 물론이고 정신적인 면까지도 다 치료한다는 것일까? 사실은 모든 것이 이어져 있는데, 몸의 한 부분만, 아픈 부위만 보고 치료한다면 이는 불완전하겠다는 생각이 들었다. 내 생각을 들여다보고 있기라도 한 것처럼 신사가 말했다.

"병이란 정신과 몸이 이상異常을 호소하는 일종의 표지입니다. 그러니까 나타난 증상만 치료해서는 안 되는 겁니다. 원인을 찾아서, 그 원인을 치료해야 해요. 또 우리 몸에는 스스로 낫고자 하는 힘, 즉 치유력이 있어요. 그런데 그 힘에 의해 생기는 증상을, 그것이 자연 치유력이 행하는 치료의 한 형태인 줄 모르고 억지로 막아버리면, 저절로 나을 것이 낫지 않고 오히려 더 오래 아프게 되는 경우도 있습니다. 병의 원인이 무엇인지는 그 사람의 삶의 환경, 사고방식, 경험, 자연 조건, 일 등을 전체적으로 보고 판단해야 합니다. 의사는 환자의 그런 점들까지 두루 보면서, 환자의 일을 자신의 일처럼 여기며 치료에 임하는 사람이 아니면 안 됩니다."

정말이지 그런 의사라면 안심하고 진찰을 받을 수 있을 것 같았다.

신사는 방 한쪽 구석을 손가락으로 가리키며 물었다.

"저것은 뭔가요?"

"텔레비전이에요. 켜볼까요?"

나는 텔레비전을 켜고 기능을 설명한 뒤 신사에게 리모컨을 건네주었다. 여기에 있는 텔레비전은 돈이 필요 없는 나라의 초超 리얼 입체 영상 텔레비전과 비교하면 마치 종이 인형극 수준 같았다. 하지만 신사는 채널을 바꿔가면서 흥미로운 듯 보고 있었다. 신사가 물었다.

"왜 방송 도중에 광고가 나와요? 거슬리지 않나요?"

"광고주의 돈으로 프로그램을 만들고 있으니까요."

"하지만 굳이 프로그램 안에 넣지 않아도……"

"하하하, 프로그램 안에 넣어 시청자들이 보게 만들지 않으면 광고주가 돈을 낼 의미가 없지 않겠어요?"

"하지만 중간에 광고가 들어가니 좋지 않네요."

"그건 그래요. 하지만 이 사회에서는 다들 당연한 일로 받아들이죠."

돈이 필요 없는 나라의 텔레비전에는 광고 전용 채널이 있었다. 나머지 프로그램에는 광고가 들어가지 않았다.

잠시 뒤 신사가 웃음을 터뜨렸다. 텔레비전을 보니 연애 드라마에서 극중의 남녀가 울고 있었다. 그런데 신사는 왜 웃는 것일까?

"저기, 그 장면에서 웃으면 안 될 거 같은데요?"

"하하, 그런가요? 하지만 이상해서."

"뭐가 이상한데요?"

"저 두 사람이요, 서로 좋아한다면 저렇게 울지 않아도 되지 않나요?"

"하지만 말이죠, 이 두 사람은 서로 사랑하고 있는데 여자가 다른 남자와 결혼하지 않으면 안 되는 상황이잖아요? 그러니 어떻게 울지 않을 수 있겠어요?"

"결혼? 전에 당신에게 들은 적이 있군요. 하지만 울어야 할 정도라면 그만두면 되지 않을까요?"

한동안 침묵이 흘렀다. 나는 갑자기 웃음이 났다.

"그렇군요. 당신 말씀이 맞아요."

아마도 결혼 상대를 한 사람으로 정하지 않으면 안 되는 이 사회의 관습을 신사는 이해할 수 없을 것이다. 돈이나 결혼 제도가 없는 세계와 비교하면 이 세상은 얼마나 부자유스러운 곳인가?

그 뒤 신사는 정치가들의 토론 프로그램을 보면서 말했다.

"저 사람들은 지금 뭘 하는 건가요?"

"서로 이야기하고 있지 않아요?"

신사가 웃었다.

"그 말 농담이지요?"

"농담이라니요? 아니에요."

"그런데 이 사람들은 지금 남이 하는 말을 전혀 듣고 있지 않잖아요?"

"하하, 그런가요?"

"네, 보세요. 이야기를 나누고 있는 것 같지만 대화를 하는 게 아니에요. 상대방이 말을 할 때 듣는 것 같아 보여도 실은 전혀 듣지 않아요. 듣지 않고 줄곧 자기가 말할 차례만 기다리고 있잖아요. 자기가 할 말은 처음부터 정해져 있고, 상대가 어떤 의견을 펼치든 아랑곳없다는 태도예요."

"맞아요. 각자 자신의 정당을 대표해서 나왔기 때문에 자기네 주장을 굽힐 수는 없을 겁니다."

"정당이요?"

"네, 정당이요. 말하자면 정치하는 사람들의 집단이죠. 다들 각기 다른 정치 집단에 소속돼 있기 때문에 어쩔 도리가 없습니다."

"집단이라고 하셨는데, 같은 집단에 있으면 그 안의 사람들은 생각도 다 같나요?"

"네, 그런 셈이죠."

신사가 웃었다.

"그렇다면 저렇게 서로 이야기를 나눠봐야 모두 헛수고 아닙니까?"

"……"

신사는 질렸다는 듯이 말했다.

"대화란 말하기보다 먼저 듣는 것이 중요해요. 남의 의견을 잘 듣고 나서, 문제 해결을 향해 서로 지혜를 내지 않는다면 함께 이야기를 나누는 것이 의미가 없지 않겠어요? 하지만 이 사람들은 대립하는 걸 당연하다 여기는 건 둘째 치고 아예 그것을 즐기는 것처럼 보이기까지 하는군요."

그럴지 모른다. 결국 어느 정당이건 자기네가 정권을 잡는 것이 목적이고, 우리 사회에서 정치는 대립이 기본이다. 정치란 원래 그런 것이라고 이제껏 생각해 왔지만, 만약 대립하지 않고 서로 지혜를 모을 수 있는 관계가 된다면 이 세상이 훨씬 살기 좋은 곳이 될 것이 틀림없다. 그런데 서로 발목을 붙잡고 상대를 헐뜯는 정치를 하고 있는 것은 역시 우리 사회가 자신의 이익을 우선시하는 경쟁 사회이기 때문이리라.

　나는 신사에게 물었다.

"그쪽 사회는 정치가 어떤가요?"

조금 막연한 질문이었지만, 신사는 이렇게 대답했다.

"여럿이 모여서 결정할 필요가 있는 사안은 그 사안에 관심이 있는 사람들이 모여서 결정해요."

"선거로 뽑힌 정치가들이 모여서요?"

"선거요?"

"네, 우리 사회에서는 국민이 투표를 통해 자신들의 대표자를 정하거든요."

"아니에요, 우리는 뭔가에 대해 함께 이야기를 나눌 때는 그 문제를 잘 알고 있는 사람들이나 그것에 흥미가 있는 사람들이 그때그때 모여서 이야기하기 때문에 멤버가 따로 정해져 있지는 않아요."

"정치가가 없는 거네요?"

"그런 역할을 맡은 사람은 없습니다. 다만 대화의 장을 만든다거나 의견을 정리하는 역할을 하는 사람들은 있죠."

"그런 사람밖에 없다면 혼란이 일어나지는 않나요?"

신사는 출연자들이 열띠게 토론을 벌이고 있는 텔레비전을 보면서 말했다.

"아무려면 저 사람들보다는 낫죠."

나는 웃음을 터뜨리지 않을 수 없었다.

"대화의 내용이나 규모에 따라 다르겠지만, 너무 많은 사람들이 모이면 의견을 정리하기 어렵다거나, 의견이 있어도 발언 기회를 얻지 못하는 사람이 생기지는 않나요? 그런 사람들의 불만은 어떻게 합니까?"

"대개의 경우는 숫자가 적당해요. 많은 사람들이 모일 때도 있지만, 그래도 대화가 끝난 뒤에는 모두 납득하고 돌아가지요."

우와, 의견을 정리하는 사람의 솜씨가 무척 좋은가 보네!

"예를 들면 어떤 문제를 가지고 이야기하나요?"

"어떤 도시를 만들지, 어디에 도로를 낼지, 어디에 전철을 놓을지 등등이요. 모든 걸 대화로 풀어가지요."

"자기가 사는 곳을 만드는 일이니까 모두 관심을 갖고 참가하겠네요?"

"물론이죠. 자기 마을의 일이니까요. 학교나 병원, 미술관, 체육관, 콘서트장 등을 만들자는 제안이 누군가로부터 나오면 다들 모여서 타당성 조사부터 장소, 크기, 설비 등의 문제까지 모두 의논합니다."

그 자리가 매우 즐거울 것 같아 나는 부러운 마음이 들었다.

"네, 참 좋군요. 하지만 우리 사회에서는 그렇게 하면 혼란이 일어나서 아무것도 정할 수가 없어요."

"왜요?"

"모두 자신들에게 유리한 쪽으로 정하고 싶어 하니까요."

신사는 이해할 수 없다는 얼굴로 되물었다.

"그러지 말고 모두에게 유리하도록 정하면 되지 않을까요?"

모두에게 유리하도록? 그런 건 무리다. 모두 자기에게 유리한 쪽으로 정하고 싶어 할 게 뻔하다. 하지만 잠깐! 과연 내게 좋은 것과 남에게 좋은 것은 정말 전혀 다른 것일까? 설령 일치하지는 않더라도, 배려하는 마음으로 양보하면서 서로 받아들일 만한 결정을 할 수는 없는 걸까? 나만 좋으면 된다는 마음으로 자기 입장만 주장하면 상대와의 관계는 나빠질 것이고, 그런 식으로 내린 결과는 사실 아무도 원치 않는 결과가 아닐까? 완전히 자기 생각대로는 되지 않는다고 해도, 서로를 배려하는 마음으로 행동하면 분명 어떤 경우든 쌍방이 납득할 만한 결론을 찾아낼 수 있을 것이다. 하지만 왜 나는 처음부터 그렇게 생각하지 못했던 것일까?

그렇다! 역시 근본 원인은 소유 관념에 있다. 나만의 것이라는 개념, 내 것과 남의 것을 구분하는 사고방식, 그리고 비교하고 경쟁하기. 그런 사회에서는 내게 좋은 것은 상대에게는 좋지 않다. 내가 이기면 상대방은 진다. 남이 행복하면 나는 불행해진다. 소유 관념으로 인한 이 같은 비교, 경쟁, 승부의 세계, 우리는 이런 세상을 기본으로 하고 있기 때문에 서로 받아들일 수 있는 길, 서로에게 다 좋은 길 따위는 없다고 굳게 믿고 있는 것이 아닐까?

돈이 필요 없는 나라에서는 개인의 이익이라는 것이 없다. 영리 목적의 기업도 없다. 아무도 무엇 하나 소유하지 않으며, 나만 좋으면 된다고 생각하지도 않는다.

그런 세계라면 내가 꼭 토론회에 참가하지 않고 남들에게 맡겨도 안심할 수 있으리라. 신뢰할 수 있는 사람들이 결정한 것이라면 가장 좋은 선택이라고 믿고 받아들이기도 어렵지 않을 것이다. 그러므로 토론회에 모인 사람들의 숫자도 적당하고 혼란도 일어나지 않을 것이다.

"그렇게 해서 어디에 무엇을 지을지 정해지면 그 다음에는 어떻게 하나요?"

"건물은 건축 기술을 가진 사람들이 모여서 지어요. 건물이

완성되면 그곳에서 일하고 싶어 하는 사람들이 모여서 앞으로의 운영 계획을 세우고요."

"건축 기술자나 일할 사람이 모이지 않는 경우도 생길 수 있지 않나요?"

"모집 공지를 내죠. 그러면 어떤 일이든 하고 싶어 하는 사람이 반드시 나타나게 마련이고요."

"희망자가 지나치게 많은 경우는요?"

"처음에 건물을 짓자고 한 사람과 희망자들 간에 대화를 통해 결정하죠."

"떨어진 사람들은 어떻게 하고요?"

"다른 일을 해도 되고, 쉴 수도 있고요."

으음, 돈이 필요 없는 나라에서는 돈을 벌기 위해서 일을 하는 게 아니다. 일이 없다고 곤란할 것도 없다. 그렇게 보면 당연하다면 당연한 일이었다.

돈이 필요 없는 나라에서 사람들의 생활은 기본적으로 자기 주변 사람들과의 관계, 살고 있는 지역의 일이 중심이 된다. 그리고 다른 지역에서 능력을 발휘할 필요가 있거나 하고 싶은 일이 있는 경우에는 거기에 맞춰 움직이는 것 같다. 지역이라고 하지만 확실하게 경계가 나뉘는 것도 아니고, 언제라도 어디로나 옮겨가 살 수 있다. 어디에 가도 안심하고 살 수 있고, 그곳

에서 필요한 만큼 지낼 수 있다.✢

✢ (옮긴이) 오늘날의 지구에서도 이와 비슷하게 국가를 운영하는 나라가 있다. 미국의 저널리스트인 데이비드 케이 존스턴은 'EBS 다큐프라임 5부작 자본주의' 중 5부 '국가란 무엇인가'에서 그 이야기를 이렇게 들려준다. "덴마크의 경우입니다. 어떤 사람이 일자리를 잃었습니다. 본인 잘못이 아니고 산업이 변했기 때문입니다. 그러면 정부가 교육 훈련 프로그램을 제공합니다. 6주 정도가 걸릴 수도 있고, 박사 학위가 필요할 수도 있겠지요. 그때는 정부에서 그 과정을 마칠 때까지 수입의 90퍼센트를 제공해 줍니다. 그 후 일자리를 찾아주죠. 구직자는 일자리를 거부할 수도 있습니다. 그러면 두 번째 일자리를 찾아줍니다. 그것까지 거절하면 보조금 90퍼센트를 잃어요. 다음에는 어떻게 될까요? 본인이 스스로 일자리를 찾죠. 첫째 정부가 일자리를 맞지 않게 구해줘서, 둘째 보조금을 돌려주기 싫어서요."

나는 앞서의 질문을 이어갔다.
"하지만 사람들이 모이지 않으면 어떻게 합니까?"

"먼저 그런 일은 없다고 봅니다만, 만약 안 모인다면 모일 때까지 기다려요."

"기다려요?"

신사가 웃었다.

"사실 그때까지 그게 없어도 사는 데 아무 문제가 없었잖아요? 그러니까 바로 짓지 않아도 아무런 문제가 없는 거죠."

이 얼마나 한가한 이야기인가! 그러나 뭔지 모를 부러운 것이, 그게 옳다고 생각하게 만드는 무언가가 그 사회에는 있었다. 왜 그런 걸까?

우리 사회의 거의 모든 일은 항상 시간에 쫓기고 예산으로 인한 고통을 받는다. 사람에 따라서는 그 때문에 몸이나 마음에 병을 앓는 경우도 있다. 그러나 그렇게까지 하지 않지 않으면 안 될 만큼 중요한 일이 과연 있는 것일까?

깊이 생각해 보면, 사람이란 기본적으로는 물과 공기와 적은 양의 식량만 있으면 살아갈 수 있다. 그 밖에 더 무엇이 필요하다든지 있으면 좋겠다고 생각하는 것은 사치스런 욕구일 수 있다. 적어도 큰 고생을 해가며 만들 것까지는 없을지 모른다. 우리는 돈벌이를 위해 없어도 되는 것들을 계속해서 만들고, 그러느라 시간이나 돈에 쫓기고 휘둘리며, 진짜 소중한 것은 잃어버리고 있는 게 아닐까?

　돈이 필요 없는 나라는 생활 수준에서든 문화 수준에서든 믿을 수 없을 만큼 진보해 있지만, 그 나라 사람들은 살아가는 데 무엇이 중요한지 그 순서를 결코 놓치지 않는다. 그러므로 자연 환경도 해치지 않고, 남을 속박하지도 않고, 경쟁도 하지 않는다. 물론 전쟁 같은 것이 일어날 리도 없다. 그들은 그 속에서 정신적인 일부터 물질적인 일까지 온갖 면에서 여유롭게 살아간다. 정말 무엇이 소중한지 모른 채 꼭 필요하지도 않은 것들에 마음을 빼앗기고 살아가는 우리와는 근본적으로 다른 것이다.

　돈이 필요 없는 나라와 우리 사회의 결정적인 차이가 또 하나 있다. 그것은 돈이 필요 없는 나라에는 '주고 받는다'는 사고방식 자체가 없다는 것이다. 주고 받는 것이 아니라, 줄 뿐인 것이다. 우리 사회에 돈이 필요해진 것은 원래 물물교환이 시작되고부터일 것이다. 물물교환은 '교환'이 기본이기 때문에 돈이라고 하는 대용품이 필요했을 것이고, 그 돈을 모으는 것이 모든 일과 직업의 목적이라고 하는 잘못된 사고방식으로 발전해 갔으리라. 그리고 그런 사고방식이 현재와 같은 비틀린 경제 사회를 만들고 빈부의 차이를 낳았을 것이다. 만약 처음부터 주고 받기가 아니라 줄 뿐이라고 생각하며 살아왔다면, 인류의 역사와 사회는 크게 바뀌었을 것이다.

주고 받기는 준 사람에게 돌려받는 것이 기본이 되고 있다. 하지만 원래 상대에게 무언가를 줄 필요가 있었던 것은 상대에게 그것이 없기 때문이 아니었을까? 그가 내게 돌려줄 것을 갖고 있는지 어떤지는 내가 알 수 없는 것이고, 또 돌려준다고 해도 반드시 처음 준 사람에게 돌려줄 필요도 없는 게 아닐까? 남에게 줄 수 있을 때 기쁘게 줄 뿐이고, 자신이 받을 때는 감사하게 받을 뿐이다.

지금 당장 필요 없는 것은 갖지 않는다. 필요하지 않은 것이 있다면 필요로 하는 사람에게 준다. 창고나 은행이 필요 없다. 남에게 주면 되기 때문이다. 남에게 주지 않으면 썩거나 낡아서 못 쓰게 된다. 그러니 그냥 마음 편히 줘도 된다. 그것을 당연하게 여기고 그렇게 할 수 있다면, 우리 사회는 전혀 다른 세상이 될 것이다.

돌려받을 기대를 하며 주는 행위에는 사랑이 있다고 할 수 없다. 태양은 모든 생물에게 엄청난 빛과 열을 주고 있지만 아

무엇도 돌려달라고 하지 않는다. ❖

❖ (옮긴이) 자연은 그 자체 '오로지 사랑'인 혹은 '오로지 줄 뿐'인 존재라는 걸 알 수 있다. 태양은 어떤 대가도 바라지 않고 햇살을 주고, 바다는 해수욕을 한다고 입장료를 받지 않는다. 호흡한다고 공기가 허락을 요구하는 법도 없고, 수도와 달리 시냇물은 월 사용료를 내라고 하지 않는다.

신사가 일어서며 말했다.

"자, 저는 이제 슬슬 돌아가겠습니다."

"네? 가신다면 어떻게?"

"걱정할 것 없어요. 오늘 우리가 처음 만난 곳으로 저를 데려다주기만 하면 됩니다."

"어떻게 오셨는데, 이렇게 서둘러 가시는 건……?"

"아니, 이 세계는 제가 여기 있는 것만으로도 당신에게 부담이 된다는 걸 알았어요. 뭘 하든 돈이 들지 않습니까? 더 이상

폐를 끼치고 싶지 않군요."

신사는 웃었다. 모든 것을 꿰뚫어보고 있는 것 같았다. 붙잡을 도리가 없었다. 우리는 집을 나왔다. 벌써 해는 서쪽으로 꽤 기울고 있었다.

우리는 역까지 걸어서 갔다. 가다가 한 곳에서 신사가 발길을 멈추더니 내게 물었다.

"저기 저 사각형 모양을 한 것들은 뭔가요? 비슷비슷한 것들이 여러 개가 한 곳에 있는데……"

"네, 저곳은 이 지역의 납골 묘지예요. 세상을 떠난 사람들의 뼈를 담아 넣어두는 곳이죠."

"네, 뼈라고요?"

"네."

"저기에 왜 뼈를 넣어둬요?"

"……왜라니요? 이 사회의 관습이라고나 할까요?"

신사는 이해하기 어렵다는 듯이 미간의 주름을 좁혔다. 나는 상황을 깨닫고 질문을 던졌다.

"당신네 세계에서는 사람이 죽으면 어떻게 하나요?"

"우리는 사람이 죽으면 화장을 해요. 화장을 하고 남은 뼈는 빻아서 비료 따위로 쓰죠."

우왓! 비료로? 야만인 아닌가?

"네? 비료로…… 써요?"

신사는 아무렇지도 않다는 듯 태연하게 대답했다.

"네, 그게 다 칼슘 아닙니까?"

"물론 뼛가루를 무덤에 넣어둔다고 해서 그게 나중에, 이를 테면 되살아난다거나 하는 일은 없겠지만, 그래도 조상이란 후손이 기리지 않으면 안 되는 존재 아닌가요?"

한때 혼자서 생각해 본 일이 있다. 나의 부모는 아버지 어머니 두 분이다. 그 두 분이 조부모 대에는 네 명, 3대 위로 거슬러 올라가면 여덟 명, 4대 위로 올라가면 열여섯 명…… 이렇게 계속해서 수백 년 전까지 따져 올라가면 천문학적인 숫자에 이르리라. 아마도 현재 인구를 훨씬 뛰어넘지 않을까? 물론 그때 그런 인구가 있었을 리 없다. 그러므로 사실 우리의 조상은 서로 같다. 요컨대 겹쳐 있는 것이다. 우리는 한 줄기에서 갈라져 나왔다. 크게 보면 우리는 한 가족이다.

나는 신사에게 그 이야기를 하고 나서 말했다.

"그런 시각에서 보면 내 집안의 조상에게만 제사를 드리는 게 조금 이상하긴 하네요!"

"네, 더 큰 시각으로 보는 것이 좋겠지요."

그래, 그건 그럴지도 모른다. 하지만……

"하지만 부모나 가까운 조상이 없으면 쓸쓸하지 않을까요?"

"무덤이 있으면 외롭지 않나요?"

"아니, 그런 건 아니지만······"

신사가 빙그레 웃으며 말했다.

"이해합니다. 이 나라, 이 시대의 사고방식이라는 게 있지 않 겠어요? 다른 것들이 그렇듯이 죽음에 대한 인식도 우리와 다 른 것뿐이지요."

나는 그 주제에 흥미가 많았지만 애써 묻지는 않았다. 조금 무섭기도 한데다 전에 미래에 대해 신사에게 물었을 때 답을 해주지 않았던 것이 생각났기 때문이다.

신사가 물었다.

"당신은 몇 세대 전의 조상까지 알고 있나요?"

"네······? 몇 세대 전이랄 것도 없죠. 부모님은 아직 두 분 다 살아계시지만, 할아버지와 할머니는 진즉에 돌아가셨습니다. 증조할아버지와 할머니는 제가 태어나기 전에 돌아가셨기 때 문에 두 분에 관해서는 이야기로 들은 것밖에 없고요."

"그러면 겨우 3대까지네요?"

"네."

"그렇다면 100년만 지나도 이 세상에 나를 아는 사람은 단한 사람도 없다는 얘기가 되지 않나요?"

나는 그 사실이 놀라워 얼른 말이 나오지 않았다.

"그렇군요! 역사에 이름을 남기지 않는 한 아무도 모르는 사람이 되겠군요! 제가 이 땅에 살았다는 걸 말예요!"

왠지 좀 쓸쓸한 기분이 들었다. 신사가 가볍게 한숨을 쉬며 말했다.

"그런 이유로 나는 무덤을 만들 생각이 전혀 없어요."

묘지를 바라보며 나는 생각에 잠겼다. 신사의 말에도 일리가 있기는 하지만, 우리나라에서 그렇게 간단히 묘지가 사라질 수는 없으리라. 물론 묘지가 없어진다면 토지에 꽤나 여유가 생길 것은 분명했다. 하지만 그건 다른 문제였다.

⁂

우리는 전동차를 타고 복잡한 거리로 돌아와 예의 그 교차로까지 왔다. 하늘은 벌써 어두워지고 있었지만, 밤거리는 네온 불빛으로 휘황했고 수많은 사람들의 열기로 뜨거웠다. 숨쉬기조차 곤란할 정도였다. 소란스러움 속에서 신사가 외치듯이 말했다.

"너무 빛이 밝네요! 번쩍번쩍 빛나는 네온사인에 눈이 돌아 갈 것 같아요."

"괜찮으세요?"

내가 묻자 신사는 웃으며 대답했다.

"네, 돈이 있는 세계는 온통 이해할 수 없는 것투성이이긴 하지만 그래도 즐거웠습니다."

"또 오세요."

"감사했어요. 그럼 이만."

"네, 여기서요……? 여기서 돌아가시게요?"

신사가 웃으면서 한 차례 콜록 기침을 했다.

"네, 걱정하지 마세요. 또 만날 겁니다."

신사는 가볍게 오른손을 들어 보인 뒤 몸을 돌려 인파 속으로 사라져갔다. ❖

❖ (옮긴이) 그렇다면 돈이 필요 없는 나라를 실현하기 위해서는 어떻게 하면 좋을까? 저자는 자신의 홈페이지에서 이렇게 말한다.

"벌써부터 돈이 필요 없는 세상을 목표로 실천을 하고 계신 분들이 있습니다. 예를 들면 에코 빌리지를 지어 공동 생활을 하며 자급자족을 하고 있는 분들, 지역 통화를 연구하고 발행하고 있는 분들, 혹은 기본 소득을 주장하고 있는 분들이 그렇습니다. 그분들은 모두 이상을 향해 나아가고자 노력하고 계시죠.

그러면 저는 무엇을 하고 있느냐면, 현재 한 회사에서 일하면서 《돈이 필요 없는 나라》라는 책을 출판하고, 그 내용을 더 널리 알리기 위해 강연 활동을 하고 있지요. 노래도 지어 부르고 있고요. 저는 돈이 필요 없는 나라를 상상하면서, 그런 세상을 바라는 사람을 한 사람이라도 더 늘리고 싶습니다. 돈이 필요 없는 나라를 만들기 위해서는 먼저 정말로 그렇게 하면 되겠다는, 실현 가능한 청사진을 더욱 많은 사람들이 공유해야 합니다. 그렇게 여러 사람이 돈이 필요 없는 나라를 구체적으로, 실현 가능한 형태로 상상할 수 있게 되면 돈이 필요 없는 나라는 저절로 이루어지지 않겠습니까?"

제4장
돈이 필요 없는 나라의 학교와 교육

우리는 재미있는 것밖에는
공부하지 않아요.
무슨 이유로 재미도 없는 것을 배웁니까?
하고 싶지 않은 걸 할 필요는 없습니다.

그래도
괜찮아요?

＊

　문득 등 뒤에서 인기척이 났다. 뭔가 싶어서 돌아보았으나 아무도 없었다. 의자를 고쳐 앉았다. 나는 컴퓨터로 신문 기사를 읽고 있던 참이었다. 이번에는 인기척이 아니라 사람 소리가 났다. 역시나 등 뒤였다.

　"안녕하세요?"

　나는 너무 놀라 심장이 터지는 줄 알았다. 여기는 내 집, 달리 누가 있을 리 없었다. 조심스럽게 다시 한 번 뒤를 돌아보았다. 역시 아무도 없었다. 소름이 끼쳤다. 어디에 누가 숨어 있는 것일까?

　"누구야?"

　외쳐보았다. 그러자 소리가 났다.

　"나예요."

　캬아! 역시 누가 있었다.

　"누구야? 누군지 나와봐."

나는 떨리는 목소리로 소리쳤다.

"아, 무서워하지 마세요. 저예요."

들은 적이 있는 목소리였다. 어쩌면 돈이 필요 없는 나라의 그 신사……?

"그렇습니다. 저예요. 놀라게 해서 죄송합니다."

"당신이세요? 지금 어디에 계시는 겁니까? 숨어 있지 말고 나오세요."

나는 일어나서 신사를 찾았다. 이 좁은 집에 숨을 곳이 있을리 없었다. 신사는 도대체 어디 있는 것일까?

"현관문이 열려 있었나요?"

"아뇨, 이번에는 몸을 두고 왔어요."

네엣……?

"두, 두고 오다니, 몸을요?"

"네."

"그, 그런 일이 가능해요?"

"네, 가능해요."

너무나 아무렇지도 않은 대답에 나는 얼른 다음 말이 떠오르지 않았다.

"하지만 당신 몸이 안 보이면 이야기 나누기가 힘들어요."

"그럼, 당신이 나를 볼 수 있게 할까요?"

"네, 부탁드려요."

"그럼, 당신도 몸에서 나오게 하겠습니다. 자……"

"잠, 잠깐만요!"

"왜요?"

"저를 몸에서 나오게 한다고……요?"

"괜찮습니다. 다시 돌아갈 수 있어요. 자, 의자에 앉아서 눈을 감아보세요."

나는 흠칫거리며 신사가 시키는 대로 했다. 잠시 지나자 신사의 몸이 보였다. 신사는 자기 집에서 입던 천연 옷감의 편안하고 품이 넓은 옷을 입고 있었다.

"이제 보이네요. 나와주셨군요."

나는 일어서서 신사에게 다가가 악수를 했다.

"내가 나온 게 아니에요. 당신이 몸에서 나왔기 때문에 내가 보이는 거예요."

"네!? 저는 여기에……"

"하하하, 괜찮습니다. 다시 몸으로 돌아갈 수 있어요. 잠깐이나마 몸에서 벗어난 자유를 만끽해 보세요."

이유를 알 수 없었지만, 나는 어쨌거나 이 상황을 받아들일 수밖에 없었다.

"갑자기 왜 오신 건가요?"

"이 나라의 일들에 대해 더 알고 싶어서 왔어요. 이 나라 사람들의 생각이나 생활 같은."

"어디 가고 싶은 곳이라도 있나요?"

"그래요. 그럼 먼저 밖으로 나가볼까요?"

신사는 현관이 아닌 벽을 향해 걸어갔다.

"잠깐, 현관은 그쪽이 아니에요."

다음 순간 신사는 사라졌다. 나는 당황해서 소리를 질렀다.

"어디로 간 거예요?"

신사의 목소리가 들렸다.

"바깥이에요."

바깥이라고? 어떻게?

"괜찮아요. 어디로든 나올 수 있어요."

믿을 수 없었다! 나는 벽을 만져보았다. 그러자…… 우왓! 손이 벽 속으로 쑥 들어갔다. 그러곤 그대로 몸까지 벽을 통과해 바깥으로 나왔다. 신사가 바깥에서 내 모습을 보며 웃고 있었다.

"어때요, 몸으로부터 자유로워진 기분이?"

"……"

"하하하. 자, 곧 익숙해질 겁니다."

내 머릿속은 하얗게 변해 있는데, 신사는 나를 보며 웃고 있었다.

"잠깐 걸을까요?"

✳

한 찻집 앞에서 걸음을 멈추며 신사가 말했다.

"여기에 들어가 봅시다."

이번에는 입구로 들어가긴 했지만, 신사는 이번에도 문을 열지 않고 그대로 문을 빠져나갔다. 나도 신사의 뒤를 따랐다. 이번에도 쉽게 문을 통과할 수 있었다. 아주 작은 마찰도 없었다. 말할 수 없이 불가사의한 기분이 들었다.

찻집 안에 들어서는 순간 나는 종업원과 부딪칠 뻔했다.

"앗!"

황급하게 몸을 피하는 나를 보고 신사가 웃으며 말했다.

"하하하, 걱정하지 마세요. 부딪치지 않습니다. 우리는 지금 몸이 없어요. 그리고 저 사람들은 우리를 못 봐요."

정말 종업원은 내게는 눈길 한 번 안 주고 아무렇지도 않은 듯 쟁반을 들고 내 앞을 지나갔다. 쟁반에는 주스 두 잔이 놓여 있었다.

　종업원이 주스를 놓고 간 테이블에는 여성 두 명이 앉아 있었다. 둘은 심각한 얼굴로 이야기를 나누고 있었다. 머리카락이 긴 쪽의 여성이 말했다.
　"정은이는 잘 있어? 중학생이던가? 아님, 아직 초등학생?"
　상대방 여성의 얼굴이 어두워졌다.
　"중학생이야."
　"잘 지내?"
　"아니, 걱정이야. 학교에 안 가서."
　"엉? 학교에 안 간다고? 언제부터?"
　여성이 대답했다.
　"석 달쯤 됐어."
　"왜, 뭐가 문제인데?"
　"몰라. 아무 말도 안 해."
　"조금도?"
　"응, 조금도."
　"뭐 짐작이 가는 것도 없고?"
　여성이 잠시 생각을 하더니 말했다.
　"얼마 전에 담임선생님이 싫다는 말을 하기는 했지만 그것

때문인지는 잘 모르겠어."

"그럼 그거네. 담임선생님이 싫어서 학교에 안 가는 거야. 틀림없어."

"그럴까?"

"그렇다니까. 나도 옛날에 그런 선생이 있었어. 그 선생이 미워서 정말 학교 가기 싫었거든."

"만약 그렇다면 어떻게 하면 좋을까?"

"그런 선생의 말은 안 들으면 되는 거지 뭐. 그냥 무시해 버리는 거야."

"무시하라고?"

"그래. 무시. 선생님이 나쁜 거니까."

여성은 곤란한 듯이 중얼거렸다.

"하지만 진짜로 그게 원인인지 아닌지도 잘 모르겠어."

친구가 상체를 숙이며 조그만 목소리로 물었다.

"아니면 뭐 다른 게 있는 거 같아?"

"……"

여성의 얼굴이 더욱 어두워졌다. 그때 문득 생각이 났다는 듯 친구가 말했다.

"혹시 왕따 아니야?"

"왕따?"

"그래, 왕따. 요즘 학교에서 왕따가 더 심해진 것 같던데."

"그런 느낌은 못 받았는데."

"눈치 채지 못한 거겠지. 네가 좀 둔한 편이잖아. 왕따가 틀림없어. 왕따야. 분명해."

친구는 자기 말에 확신한다는 듯 목소리에 자신감이 넘쳤다. 그와 반대로 여성은 고개를 숙이고 훌쩍훌쩍 울기 시작했다. 친구가 조금 당황해서 말했다.

"얘, 왜 울고 그래? 울지 말고 우리 대책을 찾아보자. 뭔가 길이 있겠지, 응?"

여성의 울음소리가 더 커졌다. 친구도 어떻게 대응해야 좋을지 모르겠는지 입을 다물어버렸다.

신사와 나는 서로 얼굴을 마주보며 쓴웃음을 지었다. 신사가 말했다.

"잠깐 다녀올게요."

"네, 어딜?"

신사는 재빠르게 걸어가더니 그 친구 뒤에 섰다. 그러더니 다음 순간, 신사는 놀랍게도 그 친구 몸속으로 들어가 버렸다.

친구는 마치 전기 충격이라도 받은 듯 화들짝 놀라며 눈을 떴다. 그러곤 말을 하기 시작했다.

"저, 따님은 지금 어떤 상태인가요?"

"따님……? 상태……?"

울고 있던 여성이 친구의 바뀐 말투에 놀라 얼굴을 들었다.

"자기 방에 틀어박혀 지내. 바깥엔 거의 안 나와."

"대화가 거의 안 된다고요?"

"응, 최근에는 거의 말을 안 해. 그런데…… 너?"

갑자기 바뀐 친구의 말투가 이상했는지 여성이 물었다.

"너, 갑자기 왜 존댓말을 하고 그래?"

그 말에 신사가 들어가 있는 그 친구가 조금 허둥거렸다.

"아아, 미안. 걱정하지 마."

친구 흉내를 내려고 하는 신사의 행동이 어색했다. 나는 터져 나오는 웃음을 막기 위해 서둘러 입을 막았다. 물론 내 목소리는 신사를 빼고는 아무에게도 들리지 않을 테니 걱정할 것은 없었다.

여성이 한숨을 쉬었다.

"어쩌다 이런 일이 생긴 거지? 어렸을 때는 그렇게 착하기만 하던 애가."

여성은 그 말을 시작으로 그 애가 태어났을 때부터 지금까지 있었던 일들을 푸념을 섞어가며 털어놓았다. 초등학교 때는 부모가 하는 말도 잘 듣고 성적도 우수했던 것, 그리고 지금 자신이 겪고 있는 괴로운 심정 등을 울먹이며 이야기했다. 친구는 고개를 끄덕여가며 말없이 듣기만 했다. 그렇게 한바탕 이야기를 끝낸 여성에게 친구가 조그만 목소리로 물었다.

"너, 남편과는 잘 지내?"

"남편?"

여성의 얼굴색이 바뀌었다.

"응, 응. 잘 지내고 있어."

친구는 잠자코 있었다. 얼마간 시간이 흐른 뒤 여성이 풀이 꺾인 듯한 목소리로 말했다.

"사실, 얼마 전부터는 썩 좋다고 할 수 없어."

친구가 천천히 여성의 얼굴을 보며 말했다.

"괜찮아. 내게 숨길 거 없어. 괜찮다면 얘기해 봐."

여성의 눈에 조금씩 눈물이 고이는가 싶더니 갑자기 소리 내 울기 시작했다. 여성은 얼마 전부터 남편과 의견 충돌이 잦아지면서 자주 싸운다고 했다. 친구가 물었다.

"싸우는 까닭이 뭔데?"

"아이 교육."

"그런데 그게 왜 싸움이 돼?"

"남편은 정은이 학업에 관심이 없어. 공부하라고 안 해."

"그러면 안 돼?"

"안 되냐니! 당연히 안 되는 거 아냐? 아빠가 공부하라고 엄하게 주의를 줘야지. 그렇지 않으면 내가 대신 악역을 맡아야 하잖아."

"남편과 아이 사이는 어때?"

"잔소리가 없으니 싸움도 없는 거지."

"넌 애랑 싸우기도 해?"

"싸울 생각은 없지만 정은이가 내 말을 잘 안 들으면 나도 모르게 화를 내게 되지."

"뭐라고 말하는데?"

"공부 열심히 하라고."

"공부하지 않으면 안 돼?"

"그건 당연한 거 아냐? 학교에도 잘 다녀야 하는 거고."

"하지만 아이는 그렇게 하고 싶지 않은 거 아냐?"

"받아들이기 어렵지, 그건."

"누가 받아들이기가 어려워?"

"누군 누구야? 내가 받아들이기 어렵다는 거지. 그리고 어느 세상이 공부 안 해도 된다고 해?"

"하지만 그렇게 해서는 문제가 풀리지 않을 거 같은데?"

여성은 잠자코 있었다. 친구가 말했다.

"그런데 왜 싸우게 되는 것 같아?"

"의견이 다르니까."

"사람이잖아. 사람마다 생각이 다 다른 법이고. 그게 당연한 거 아니야?"

"하지만 우린 가족이잖아."

"가족이라도 다 다른 사람이야. 의견이 다른 게 당연한 거지."

잠시 침묵이 흘렀다.

"그렇긴 하지. 하지만 나와 다른 의견은 받아들이기 어려워."

"쉽진 않겠지, 하지만 바꿔 생각하면 정은이 입장에서도 마찬가지 아닐까?"

여성이 놀란 듯 되물었다.

"그럼 어떻게 해야 돼?"

친구가 말했다.

"이해가 필요하지 않을까?"

"이해한다고?"

"응, 이해. 너는 그렇게 생각하는구나 하고 그 사람의 생각에 고개를 끄덕이는 것."

"받아들이는 것과는 다른 거야?"

"응, 달라. 이해한다는 것은 내 생각이 무엇이냐는 잠시 내려놓고 상대가 그렇게 생각한다는 사실을 있는 그대로 인정하는 거야."

"흐음. 나와 의견이 달라도?"

"응, 의견이 달라도. 사람은 모두 다르니까."

여성이 잠시 생각하더니 말했다.

"그럴까? 그러니까 나와 같지 않으면 안 된다고 생각했기 때문에 내가 그동안 힘들었다는 거네?"

"상대방이 내 의견을 받아들여야 한다고 생각하기 때문에 싸우는 거 아니야? 서로 이해하고 상대방 의견을 존중한다면 문제가 일어나지 않겠지?"

여성은 천천히 고개를 끄덕이더니, 한숨을 쉬며 말했다.

"하지만 남편이 나를 이해해 줄까?"

"네 쪽에서 먼저 남편을 이해해 준다면?"

조금 생각하고 나서 여성이 말했다.

"그래. 누군가 먼저 해야겠지!"

친구가 말했다.

"이제 네 딸도 이해할 수 있을 것 같지 않아?"

"어떻게 하면 좋을까?"

"이렇게 하면 어때? 일단 정은이의 말을 들어보는 거야."

"입을 열까?"

"바로는 어려울지 모르지만, 노력하다 보면 언젠가는 분명히 입을 열 거야. 그때는 정은이의 말을 끝까지 들어주는 거야."

"정말 말을 할까?"

"응, 틀림없이."

"나, 잘할 수 있을까?"

"넌 듣기만 하면 돼. 충고 같은 건 하려고 들지 말고, 그냥 듣기만 하는 거야."

"그렇게 하면 다시 학교에 가려고 할까?"

"그건 알 수 없지. 어쨌든 학교에 보내려고 하기보다는 그냥 이야기를 들어주기만 해. 네가 받아들이지 않고 이해해 주지 않으면, 정은이는 계속 이 상태로 머물 수밖에 없을 거야."

여성이 말했다.

"알았어. 한번 해볼게."

그 소리와 동시에 신사가 쑤욱 친구의 몸에서 빠져나왔다. 여성이 웃으며 친구에게 말했다.

"고마워. 네 덕분에 이제 속이 후련해졌어."

친구가 얼이 빠진 얼굴로 말했다.

"뭐라고? 내, 내가 뭔 소리를 했어?"

내 쪽으로 오는 신사에게 내가 말했다.

"수고하셨어요. 자, 이제 어떻게 될까요?"

"그러게. 어떻게 될까?"

친구 흉내를 내며 말하는 신사를 보고 나는 웃음이 터져 나오는 것을 참을 수 없었다. 신사가 멋쩍어하며 말했다.

"어떻게 될까요? 저분이 어떻게 하느냐에 달렸겠지요."

"그 아이가 학교에 안 가는 이유가 부모 사이의 싸움 때문일까요?"

"그것만은 아닐 수도 있겠지만, 그것도 그 애에게 좋지 않은 영향을 미치고 있는 건 분명한 것 같아요."

내가 말했다.

"이야기를 풀어가는 당신의 방식은 저 여성의 친구와는 상당히 다르더군요! 솔직히 감동했습니다."

"하하, 그랬나요? 뭔가 자기 문제로 상담을 하고 싶어 하는 사람은 상대방이 자기 이야기를 먼저 들어주길 바라지요. 그러니까 상담자가 이야기를 다 하지 않았는데 이쪽에서 이렇다 저렇다 말을 하면 상담자를 더 혼란스럽게 만들 뿐입니다."

"정말 그렇겠네요. 먼저 상담자의 이야기부터 들어야 할 것 같아요. 그 과정에서 상담자 스스로 자기 생각을 정리하게 될 수도 있을 거고요."

"그렇죠. 이때 듣는 사람은 성의를 갖고 듣는 것, 그리고 상대의 기분을 이해하는 것이 무엇보다 중요해요."

"이것이 받아들이는 것과는 다른 건가요?"

"네. 먼저 상대에게 내가 받아들이고 있을 뿐 아니라 이해하고 있다는 느낌이 전달되지 않으면 상대방은 내가 무슨 소리를 해도 듣지 않습니다."

"그렇겠네요. 들을 때는 나는 아무 말도 하지 않고 그냥 듣기만 하면 되나요?"

"네, 말없이 듣기만 해도 문제가 풀리는 경우가 많아요. 필요하다면 상대가 알아챌 수 있는, 힌트가 될 만한 짧은 질문을 하는 정도로 충분합니다. 상담자가 스스로 답을 찾아가게 마련이니까요."

"그래요? 잘 듣지 않고 자신의 의견만 밀어붙여선 안 되는 거네요!"

사실 나는 오랫동안 그렇게 행동하면서 실패를 많이 해오고 있었다.

신사가 말했다.

"그 중학교라는 곳으로 저를 데려가 주실래요?"

우리는 가까이 있는 한 중학교를 찾아갔다. 물론 아무도 우리가 들어가는 것을 알아차리지 못했다.

마침 교사가 교과서를 한 손에 들고 칠판에 뭔가를 적어가며 설명을 하고 있었다. 신사가 물었다.

"저 사람이 손에 들고 있는 게 무언가요?"

"교과서예요."

"저 사람이 쓴 책이에요?"

"아니요. 나라에서 만든 교과서입니다."

신사가 이상하다는 표정을 지었다. 학생들의 자리는 4분의 1쯤 비어 있었다. 몸이 아파서 결석했다고 하기에는 빈자리가 너무 많았다. 분명히 정은이처럼 학교가 싫어서 결석한 학생들일 것 같았다. 나와 있는 학생들도 절반 정도는 졸고 있거나 잡담을 하고 있었다. 책상 위에 당당하게 엎드려 자는 학생도 몇 명 있었다. 그래도 교사는 주의를 주지 않고, 마치 아무렇지도 않다는 듯 교과서를 보면서 수업을 진행해 가고 있었다. 잠시 이상하다는 듯이 그 모습을 바라보던 신사가 말했다.

"다른 곳에 가봅시다."

우리는 옆 교실로 갔다. 역시 교사가 교과서를 가지고 수업을 하고 있었다. 학생들도 똑같이 졸거나 잡담을 하고 있었다. 신사가 말했다.

"앞 교실과 같네요. 어디나 이런가요?"

"네, 다른 학교에 가봐도 그다지 다르지 않을 것 같네요."

신사가 놀란 듯했다.

"재미가 별로 없나 보네요?"

"공부니까요."

신사의 눈이 동그래졌다.

"공부하는 것이 재미가 없어요?"

"가끔은 재미있는 선생님도 있긴 하죠."

그렇게 대답했지만, 왠지 질문에 맞지 않은 대답을 했다는 생각이 들었다.

"우리는 재미있는 것밖에는 공부하지 않아요. 무슨 이유로 재미도 없는 것을 배웁니까?"

"네? 의무 교육이니까요."

"의무?"

"네, 여기서는 누구나 다 공부를 하도록 법률로 정해져 있습니다."

"공부를 하지 않으면 안 된다고요?"

"네, 그쪽 세계에는 의무 교육이란 게 없나요?"

"어떤 것도 꼭 해야 한다고 정해져 있는 건 없어요. 하고 싶지 않은 걸 할 필요는 없습니다."

"그래도 괜찮아요?"

"뭐가요?"

"아니, 모두 같은 내용으로 공부하지 않으면 곤란하지 않을까 하는 생각이 들어서요."

"왜 곤란하죠?"

나는 생각해 보았다. 의무 교육이 없다. 여기와 달리 모두가 같은 내용으로 공부를 하지도 않는다. 그래도 커뮤니케이션이 이루어질까? 문제가 없을까? 잠깐, 나는 과연 학교에서 무슨 공부를 했던가?

말은 초등학교에 들어가기 전부터 할 수 있었다. 가족과 함께 살면서 저절로 익혔다. 글자도 초등학교에 입학하기 전부터 읽었다. 혼자서 그림책과 동화를 읽었던 기억이 난다. 기본적인 지식은 학교에서 배운 것이 아닌지도 모른다. 그렇다면 학교에 다니지 않아도 살아가는 데 아무런 문제가 없다는 말 아닐까?

어려운 한자는 학교를 마친 뒤 신문이나 책을 가지고 혼자서 공부했다. 그런 반면 영어는 학교에서 여러 해 동안 배웠지만 아직도 말을 제대로 하지 못한다. 물론 학교에서도 배운 것이 많다. 하지만 학교에서는 어른이 된 뒤에는 조금도 도움이 안 되는 것을 많이 가르치고 외우게 했다. 그런 것 대신에 내가 정말 알고 싶었던 것, 내게 필요한 것을 배웠더라면 훨씬 더 공부가 재미있었을 것이고 그 뒤에도 많은 도움이 되었을 거라는 생각이 들었다.

신사가 말했다.

"이번에는 사람들이 일하는 곳에 한번 가보고 싶네요."

✳

나는 신사를 데리고 가까이 있는 한 사무실로 들어갔다. 사무실 안에는 수많은 책상이 있고 책상마다 컴퓨터가 놓여 있었다. 그리고 많은 사람들이 전화 통화를 하거나 회의를 하며 바쁘게 움직이고 있었다. 그때였다. 갑자기 한쪽에서 큰 소리가 났다.

"자네, 대체 뭐하는 사람이야? 또 틀렸잖아! 몇 번 말해야 알아듣겠어?"

그 순간 사무실 분위기가 싸늘해지면서 모두 숨소리를 죽였다. 커다란 책상에 앉아 있는 사람이 앞에 서 있는 사람에게 화를 내며 야단을 치고 있었다. 상사와 부하 직원인 것 같았다. 부하 직원이 고개를 숙이며 기죽은 목소리로 말했다.

"죄, 죄송합니다."

"죄송하다니! 몇 번이나 같은 말을 해야 알아들을 건가? 자네, 바보야?"

신사가 말했다.

"저 사람들 왜 저러는 겁니까?"

"부하 직원이 뭔가 일을 잘 못해서 윗사람이 화가 난 모양입니다."

"화가 나 있다고요?"

"네."

"하지만 저런 방식으로 소통이 될까요?"

"상사가 화가 날 정도로 일을 잘 못했기 때문에 저러는 거 아니겠습니까?"

이해할 수 없다는 듯한 얼굴을 하고 있던 신사가 마음을 정한 듯 두 사람 쪽으로 걸어갔다. 그리고 다음 순간 상사 속으로 쑥 하고 들어가 버렸다.

잠시 침묵이 흐른 뒤 상사가 말했다. 목소리가 부드러워져 있었다.

"그래 자네는 왜 그렇게 됐다고 생각하나?"

상사의 변한 말투에 부하 직원이 놀라서 숙이고 있던 얼굴을 들고 상사의 얼굴을 쳐다보았다. 의외였다. 상사의 얼굴에 웃음이 가득하지 않은가! 부하 직원이 어안이 벙벙해하는 모습이 멀리서 바라보는 내게도 보였다.

"네…… 그게 제가 주의가 부족해서 생긴 일 같습니다."

"좋아. 그러면 이제부터는 어떻게 하면 좋겠나?"

상사는 미소를 짓고 있었다.

"네, 사전 준비와 확인을 게을리 하지 말고, 늘 주의 깊게 신경을 쓰지 않으면 안 되겠구나 하는 생각이 듭니다."

"그래. 그럼, 다음에는 그렇게 해주게."

"네, 네. 그렇게 하겠습니다."

"그럼 자리로 돌아가도 좋네. 잘 부탁하네."

"네."

부하는 마치 여우에게 홀리기라도 한 것 같은 표정이었다. 어색하게 돌아서서 두세 걸음 걷다가 다시 뒤돌아서 웃는 얼굴로 상사에게 말했다.

"죄송했습니다. 다음에는 절대 실수가 없도록 최선을 다하겠습니다."

그 순간 신사는 상사로부터 빠져나왔다. 정신을 차린 상사는 그 사이 무슨 일이 있었는지 모르겠다는 표정으로 눈을 비비며 말했다.

"음……? 어, 잘 부탁하네."

얼어 있던 사무실 공기가 그 즉시 부드러워졌다. 자기 자리로 돌아오는 부하 직원을 동료들이 웃는 얼굴로 맞았다.

신사가 내게 돌아왔다.

"훌륭했습니다."

"답은 실수한 본인이 갖고 있는 거 아니겠어요?"

"실패나 실수는 추궁한다고 해결할 수 있는 것이 아니군요."

"자기가 한 일은 자기가 가장 잘 알고 있으니까요. 그걸 쥐잡듯이 몰아세운다고 해결이 되겠습니까?"

"화를 내봐야 도움이 안 된다는 말씀이죠?"

"화를 낸다는 게 정확히 어떤 겁니까?"

"네? 설마 화를 낸다는 것이 뭔지 모른다는 말씀인가요?"

신사는 이해할 수 없다는 얼굴을 하고 있었다. 내가 물었다.

"무슨 일이 자기 뜻대로 되지 않을 때, 그럴 때도 당신은 화가 나지 않나요?"

"네? 당신은 그럴 때 화가 납니까?"

화가 난다는 것이 무엇인지 모른다! 과연 그게 가능할까? 사람이 정말 화를 내지 않고 살아갈 수 있을까? 화는 냉정함을 잃게 만들고, 타이밍을 놓치게 만들고, 상대방에게 상처를 입힌다. 그 결과 나중에 후회를 하고, 자신도 상처를 입는다. 싸움을 한 뒤 화해하고 더 좋은 친구가 되는 일도 있기는 하다. 하지만 그것은 아이들의 세계에서나 가능하다. 힘을 가진 어른들이 싸움을 하면 큰 부상을 입는다. 한 순간의 분노를 못 참고 다툼이나 싸움을 벌이면 돌이킬 수 없는 파국을 맞을 수 있다.

사람은 어떨 때 화를 내는가? 자기 생각대로 되지 않을 때 화를 낸다. 상대방이 약속을 지키지 않거나, 배반을 하거나, 자기가 바라는 대로 해주지 않을 때 화를 내는 것이다. 하지만 그것은 자기 위주의 기대요 고집이 아닌가? 내 생각대로만 되기를 바라는 응석이 아닌가? 그게 아니라면 남의 마음이나 곧 일어날 일을 미리 알아채지 못한 자신의 어리석음에 화가 나 있는 것인지도 모른다.

날씨는 내 뜻대로 되지 않는다. 그런 일에 화를 내는 것은 어리석은 일이다. 생각해 보면 세상은 생각대로 되지 않는 일이 훨씬 많다. 노력해서 바꿀 수 있는 것은 당연히 바꾸고자 노력하겠지만, 결과가 내 생각대로 되지 않았다면 그것은 어쩔 수 없는 일이다. 거기에는 어떤 원인이 있다. 그 원인이 결과로 나타난 것뿐이다.

다시 생각해 보자. 화라는 감정은 정말 낼 수도 있고 내지 않을 수도 있는 것인가? 생각해 보면 화는 저 홀로 일어나지 않는다. 내가 내고 있는 것이다. 이미 일어난 일을 어떻게 받아들일 것인가, 거기에 어떤 감정을 가질 것인가는 내가 정하는 것이다. 한편 나는 남을 화나게 할 수도 없다. 물론 남이 화를 낼 만한 일을 내가 할 수는 있어도 화를 내는 것은 어디까지나 내가 아닌 그 사람이다. 그러기에 같은 일을 놓고도 화를 내는 사람이 있고 화를 내지 않는 사람이 있는 것이다. 물론 보기에도 멋져 보이는 쪽은 역시 화를 내지 않는 사람이다.

✳

신사가 말했다.

"그럼 이번에는 우리 세계를 좀 보지 않으실래요?"

"네? 보고 싶지만, 이 상태로 갈 수 있나요?"

"갈 수 있고말고요. 자, 그럼 함께!"

다음 순간 신사와 나는 자연 속에 있었다. 나무들이 우거져 있었고, 새소리가 들려왔다. 발아래 풀숲에서는 메뚜기가 뛰어놀고 있었다.

"여기는 어디인가요?"

"우리 세계예요."

"네, 여기가? 벌써 온 거예요? 어떻게?"

"당신이 오고 싶다고 생각했기 때문이죠."

"······"

"하하하, 걱정하지 마세요. 괜찮습니다. 자, 그럼 이곳의 학교
에 한번 가볼래요?"

한 무리의 사람들이 보였다. 십여 명쯤 되는 것 같았다. 그들
을 보며 신사가 말했다.

"저 사람들은 이 학교에 다니는 사람들입니다."

"네? 여기가 학교예요?"

"네, 자연은 최고의 학교지요. 맑은 날에는 자연으로 오는 일
이 많습니다."

그 그룹은 다섯 살에서 열 살 정도의 아이들도 여러 명 있는,
남녀노소가 섞인 모임이었다.

"누가 선생님인가요?"

"선생님?"

"가르치는 사람 말이에요."

신사가 고개를 갸웃했다.

"여기엔 그런 사람 없어요."

나는 그 사람들이 나누는 대화를 들어보았다.

"할아버지, 여기 봐. 메뚜기가 있어. 풀하고 색깔이 같아서 잘

보이지 않지?"

"정말 그렇구나! 메뚜기가 움직이지 않으면 좀처럼 알 수 없겠어. 그런데 왜 이런 색깔을 하고 있는 걸까?"

"으응, 그건 자기를 먹이로 삼는 동물들에게 들키지 않으려고 그러는 게 아닐까?"

"그럴지 모르겠네. 어떻게 풀과 같은 색깔을 가질 수 있었을까! 정말 놀랍네!"

"저기, 할아버지."

"응."

"이 잎사귀, 먹을 수 있어?"

"음, 이건 맛있어. 조금 뜯어가서 뒤에 요리해 먹자꾸나."

나는 어떤 식으로 교육이 이루어지고 있는지 보고 신사에게 말했다.

"이런 학교라면 당연히 즐겁겠네요."

"그렇지요?"

신사가 빙긋이 웃었다.

자연 속으로 들어가 나무나 꽃, 벌레 따위를 관찰하는 것은 즐거운 일이다. 도시에서 태어난 나는 그다지 자연을 접하지 못하고 자랐다. 그나마 외가가 시골이어서 다행이었다. 여름 방학에는 자주 그곳에 놀러 갔다. 산에 갈 때면 나는 커다란 나무를 찾아 기어 올라가기를 좋아했다. 나비나 잠자리를 잡기도 했다. 강에 들어가 올챙이나 송사리를 쫓으며 놀기도 했다. 그 기억들을 잊을 수 없다. 바다, 산, 강…… 자연은 사람을 쉬게 해준다. 인간은 거기서 태어나고, 그 안에서 그 은혜로 살아가기 때문인지도 모른다. 자연은 모든 동물의 고향이다.

그러므로 사람은 누구나 자연과 함께 자연을 접하며 사는 것이 좋다. 현재의 우리 사회는 자연을 거스르는 걸 문명이라고 부르며, 그것이 바람직한 것이라고 여기고 있다. 더울 때는 시원하게 있고 싶고, 추울 때는 따뜻하게 살고 싶어 한다. 온갖 기계와 온갖 가전 제품을 만들어 될 수 있는 한 번거롭지 않게, 편하고 쾌적하게 살려고 한다. 선진국 사람들은 수많은 돈과 자원을 들여 될 수 있는 한 편하게 살 수 있는 사회를 만들기 위해 노력해 왔다. 그러나 그 과정에서 우리 사회는 자연으로부터 점점 더 멀어져갔다. 사람들은 감각이나 체력 등 본래 지니고 있던 능력을 점점 잃어가고, 마침내 자연 속에서는 살 수 없는 상태에 이르게 되었다.

숲가의 풀밭에서는 몇몇 사람이 모여 기타처럼 보이는 현악

기를 연주하고 있었다. 그 주변으로 사람들이 앉아 있었다. 역시 어린이와 어른이 섞여 있었다. 연주가 끝나면 박수 소리가 들렸고, 그 뒤 다시 연주가 이어졌다.

나는 기타 연주회에서 활동하던 학생 시절이 생각이 났다. 수업이 끝남과 동시에 나는 기타 동아리 교실로 달려가고는 했다. 실력 있는 선배의 연주를 보며 매일 어두워질 때까지 연습을 했다. 정말 즐거웠고, 날마다 조금씩이나마 기타 실력이 느는 것이 기뻤다. 지금, 저 사람들을 보며 나는 배운다는 것이 바로 저런 것이 아닐까 하는 생각이 들었다. 하지만 내가 집에서 기타를 치고 있으면 우리 부모님은 늘 기타는 그만하고 공부를 하라고 야단을 치시고는 했다.

다른 곳에서는 그림을 그리는 사람들이 있었다. 도예를 하고 있는 그룹도 있었다. 갖가지 운동을 하는 사람들, 음악에 맞춰 춤을 추고 있는 사람들, 밭에서 밭일을 하는 사람들도 있었다. 모두 즐겁고 생기에 차 보였다. 여기에는 아래 위도 없고 선생님과 학생이란 관계도 없는 것 같았다. 누구나 자신의 지식이나 기술을 내보이고 서로 함께 배우고 있는 것 같았다.

나는 신사에게 물었다.

"이런 교육 환경이라면 문제아가 생길 수 없겠네요?"

"문제아요?"

"네. 하라는 공부는 안 하고 툭하면 교칙을 어긴다거나 다른 학생들을 때린다거나 못살게 구는 아이들 말이에요."

"그런 아이가 있어요, 당신네 나라에는?"

나는 바보 같은 말을 하고 있었다. 이 나라에는 어떤 규칙도 없고 강제도 없지 않은가! 싫은 건 아무도 하지 않고 또 시키지도 않는다. 그런데 어떻게 문제아가 생긴단 말인가? 이렇게 저렇게 해야 한다는 규칙을 정해놓지 않으면 문제아는 애당초 생길 수가 없다. 속박으로 가득 찬 우리 사회의 학교에서는 어쩌면 문제아가 생기는 게 정상일지도 몰랐다.

아이들이 학교에 가고 싶어 하지 않는 이유는 각기 다르겠지만, 부자연스러운 규칙으로 가득 찬 학교라면 가고 싶지 않은 것이 어쩌면 당연하다 해야 할 것이다. 자연스런 생활을 좋아하고 그런 생활을 잘 알고 있는 아이일수록 학교에 가고 싶어 하지 않을지도 모른다. 모든 아이를 같은 틀 안에 넣어놓고, 교칙이나 커리큘럼을 반드시 따르도록 강요하는 학교, 그런 부자연스럽고 답답한 학교에 순응하지 못하는 아이가 문제아라고 불리거나 학교에 가고 싶지 않게 되는 것이 아닐까? 최근에는 학

교에 가고 싶어 하지 않는 교사도 늘어난다고 한다. 이쪽 사회
처럼 자유로운 환경에서 배운다면 과연 어떨까? 그때는 모두
학교에 가고 싶어 하지 않을까?

나는 신사에게 물었다.

"여기는 자유로워서 참 좋네요. 그런데 이 나라의 학교는 모
두 이곳과 같나요?"

"그럼요. 하지만 여기는 비교적 어린 아이들이 모이는 학교입
니다. 거기에 이 아이들을 좋아하는 어른들, 아이들과 함께 배
우고 싶은 사람들도 오고요. 이외에 이보다 전문적인 학교도
많습니다. 여기서는 배우고 싶다면 누구나 언제나 무엇이나 배
울 수 있습니다."

신사는 이번에는 커다란 건물 속으로 나를 데려갔다. 거기에
는 보이는 곳마다 모두 수많은 책들이 꽂혀 있었다. 테이블과
의자가 도처에 놓여 있고, 수많은 사람들이 책을 읽거나 노트
에 뭔가를 적고 있었다. 이곳은 앞의 학교보다 나이가 더 많은
이들이 오는 것 같았다. 나이가 꽤 되어 보이는 사람도 많았다.

"여기도 학교인가요?"

"네, 온갖 분야의 책이 아주 많이 갖추어져 있습니다."

크고 작은 모니터들이 있고 그 앞에도 많은 사람들이 앉아

있었다. 그곳에는 필요에 따라 각기 다른 학습 도구들이 갖추어져 있는 것 같았다. 방도 많았다. 각 방에서는 사람들이 모여 원을 이루고 앉아 이야기를 나누기도 하고 실험을 하기도 하는 등 다양한 활동을 하고 있었다.

"여기서는 관심사가 같은 사람들이 함께 모여 연구도 하고 대화를 하거나 발표를 합니다. 그룹 스터디를 하는 곳이죠."

아마도 대학과 같은 곳인 듯했다. 모두 대단히 열심이었고 또 즐거워 보였다. 아르바이트에 지쳐 수업에 못 가곤 했던 나의 대학 생활은 이곳과 참 많이 달랐다는 생각이 들었다.

내가 신사에게 물었다.

"여기에 들어오려면 시험 같은 걸 보나요?"

"시험이요?"

"여기서 배우는 데 필요한 지식을 갖추고 있는지 없는지 알아보는 시스템이라고나 할까요?"

"누가 누구를 시험합니까?"

그렇구나! 교사가 없다고 했지!

"그럼 누구나 들어올 수 있는 거네요?"

"네, 누구나 오면 됩니다. 그뿐이에요."

멤버도 정해져 있지 않고, 커리큘럼도 없을 테지. 여기서는

다만 무언가 배우고 싶은 사람이 배우고 싶을 때 오면 되는 것이다. 선생도 학생도 없다. 바꿔 말하면 누구나 선생이고 학생이다.

돈이 필요 없는 나라의 학교에는 입학 시험이 없다. 그러니 수험 전쟁 같은 것도 없다. 이 나라에서는 자격이 필요 없고, 학력도 필요 없으며, 그 어떤 신분도 존재하지 않는다. 어떤 의무도 없으며 강제 또한 없다. 당연한 일이지만 학비를 낼 필요도 물론 없다. 이 얼마나 자유로운가. 이런 학교에서는 문제가 일어날 수가 없으리라.

우리 사회는 학교는 물론이고 사회 구조 전체에 문제가 있다 해야 할 것이다. 수많은 사람들이 돈이나 신분이 가장 가치 있는 것이라고 굳게 믿고 있는 사회, 그 가치관에 맞추지 않으면 살기 어려운 사회, 그런 사회에서 살아가기 위해 우리는 부자연스러운 교육을 어린 시절부터 강제로 시키고 있다. 누구도 예외일 수 없다.

현재의 학교 교육은 교과서에 따라 누구나 같은 것을 배우고, 정답을 익히고, 시험을 치고, ○×로 점수를 매기고, 순위를 정한다. 경쟁을 시킨다. 그것이 끝없이 이어지고 있다. 아이들은 피로에 지치고, 따라갈 수 없는 아이들은 자신감을 잃는다. 학교에 갈 의욕 자체를 잃어버리는 일도 있다. 그런 구조에서 그것은 어쩌면 너무도 당연한 일일지 모른다. 그 속에서 고통을 받기는 학부모도 마찬가지다.

정답을 외우기만 하면 되는 우리 사회의 교육은 스스로 생각하는 힘을 길러줄 수 없다. 답이 정해져 있기 때문에 외우기만 하면 되고, 따라서 생각할 필요가 없기 때문이다. 누구나 같은 것을 외우게 하고, 거기에 의문이 들어설 여지는 없다. 또한 모르는 것은 질문하면 되기 때문에 선생에게 의존이 일어난다. 자립이 불가능하다. 그 결과 자신이 무엇을 하고 싶은지 모르는, 하고 싶은 일을 스스로 정할 수 없는 인간이 만들어진다.

이것은 어른이 되어 사회에 나와도 똑같다. 돈벌이, 출세 경쟁뿐이다. 지난해보다 더 많은 업적을 올리는 것을 목표로 몸이 닳도록 일한다. 돈을 벌면 더 많이 벌기 위해 사업을 확장한다. 그 앞에 무엇이 있을지 생각해 보지 않는다. 경제를 확대하는 것이 옳다는 근거 없는 깃발을 믿고, 무조건 앞을 향해 내달릴 뿐이다. 목적이 없는, 텅 빈 이상을 향해 일념으로 달린다. 그것이 환경을 파괴하고, 인간이나 동식물의 목숨을 빼앗고, 인류를 멸망으로 이끄는 길임을 깨닫지 못한 채……

우리 사회는 그 길을 향해 나아가도록 아이들이 어렸을 때부터 교육을 시키고 있는 게 아닌가? 도대체 누가, 무엇을 위해?

그때였다.

"이봐요. 무슨 일 있어요?"

신사가 걱정스런 얼굴로 내 어깨를 흔들었다. 그때서야 나는 정신을 차렸다. 내가 계면쩍은 얼굴로 말했다.

"아, 네. 잠시 생각할 게 좀 있었어요."

"꽤나 심각한 얼굴이던데요?"

"네, 우리나라 교육은 도대체 뭔가 하는 생각이 들어서……"

"그래요. 제 눈에도 당신네 나라의 교육은 뭔가 크게 잘못되어 있는 듯 보였습니다."

나는 혼잣말을 하듯이 중얼거렸다.

"남들과 격차를 벌이기 위해, 취직에 필요한 학력을 얻기 위해, 더 많은 돈을 벌기 위해, 남보다 더 높은 자리에 올라가기 위해……"

신사가 애처롭다는 듯이 말했다.

"그보다는 한 사람 한 사람이 정말 중요한 게 무엇인지를 깨닫도록 도와주는 교육이 바람직할 텐데요."

아, 우리에게 진짜로 중요한 일이란 과연 무엇일까?

내가 신사에게 물었다.

"이 나라에도 학교에 가지 않는 아이들이 있나요?"

"네, 가고 싶지 않으면 안 가도 됩니다. 배우고 싶은 것이 있으면 집에서 스스로 책을 읽으면 되니까요. 그래도 됩니다."

"학교에 가지 않는 아이들은 일찍부터 일을 하나요?"

"나이와 상관없이 일을 하고 싶으면 언제든지 하면 되고, 그렇지 않고 놀아도 상관없습니다. 하지만 대개는 열다섯 살 전후까지는 뭔가를 배우러 학교에 가지요. 그 뒤에는 더 배우고 싶은 사람은 학교에 가고, 일을 하고 싶은 사람은 일을 합니다. 그 일을 하는 데 필요한 것은 일을 하면서 배우고요. 일을 하다가 그만하고 싶으면 그만둬도 됩니다. 학교에 가서 더 배워도 되고, 동아리 같은 데 참가해도 좋고요."

그렇지. 우리 사회에서도 진짜 필요한 것들은 일을 시작한 뒤 현장에서 많이 배우지 않던가. 직종에 따라 다르겠지만, 학교에서 공부한 것들이 일에는 별 도움이 안 되는 경우가 대부분이지 않은가. 수많은 시간과 돈을 들이며 얼마나 많은 낭비를 해온 셈인가. 학교에서 배운 것들은 나중에 필요 없는 것들이라서 거의 다 잊어버렸으니, 비효율성이라는 면에서는 그보다 더

한 것도 없을 것이다.

우리 사회에 처음부터 돈이나 제도는 물론이고 어떤 지배 관계도 존재하지 않았다면 어땠을까? 얼마나 많은 일들이 필요 없었을지 생각하면 놀라지 않을 수가 없다. 본래 인간이 살아가는 데 꼭 있어야 할 것은 얼마 되지 않는다. 그리고 시간에 여유가 생기면 더 많이 놀고 즐기면 되는 거 아닌가. 우리는 공부가 되었건 일이 되었건 우리가 만든 부자연스러운 구조 안에서 얼마나 힘들게 살고 있는가. 열심히 하는 정도가 아니라, 죽을 것 같은 고통을 받으며 공부를 하거나 일을 하고 있지 않은가. 그러다 보니 정신적인 질병을 앓는 사람이 점점 늘어나고, 일본에서 자살하는 사람의 수는 놀랍게도 연간 3만 명을 넘어서고 있다.❖

❖ (옮긴이) 한국은 어떤가? 2017년 1월 20일자 연합뉴스는 이렇게 전하고 있다. "2016년 경제협력개발기구OECD 통계에 따르면 한국의 인구 10만 명당 자살률은 28.7명으로 회원국 중 가장 높은 수준이다. 18.7명으로 2위인 일본과도 큰 차이를 보인다. 한국은 2003년 이후 한 번도 OECD 1위라는 불명예에서 벗어난 적이 없

다. 일본은 한때 OECD 최고 수준의 자살률로 고민했지만, 자살자 수가 줄어들면서 자살률에서 한국과의 격차가 커지고 있다." 한국의 연간 자살자 수는 1만 5천 명에 이른다고 한다.

———————

우리는 우리 손으로 만든 부자연스런 삶의 방식과 가치관에 사로잡힌 나머지 삶의 목적조차 잊어버렸다. 일본은 세계에서 가장 잘사는 나라 중 하나인데, 사는 게 너무 힘들어 실제로 목숨을 끊어버리는 어른과 아이 들이 끊이지 않고 있다. 도대체 누가 어디부터 길을 잘못 든 것일까?

그 주술에서 벗어날 수 있다면 얼마나 편하고 행복해질까? 아무런 속박도 없는 세계, 인간을 포함해 모든 생물이 풍요로운 자연 환경 속에서 각자의 역할을 다하면서 살 수 있는 세계, 그런 세계가 바로 본래 자연의 모습이 아닐까? 2천만 종이나 되는 생물 중 단 한 종의 동물에 지나지 않는 인간, 그중에서도 이른바 선진국에 살고 있다는 10퍼센트의 사람들이 잘못된 선택을 한 탓에 우리의 지구는 지금 파멸의 길로 치닫고 있다. 지금이야말로 과연 무엇이 중요한지, 어떻게 사는 것이 바람직한 삶인지 각자가 생각하지 않으면 안 되는 때인 것이다.

신사가 물었다.

"축구 구경 어때요?"

"네, 축구요?"

나는 축구를 좋아한다.

"가보고 싶네요. 데려가 주세요."

다음 순간 우리는 축구장 입구에 서 있었다.

"와, 벌써 도착했네요."

신사가 웃으며 말했다.

"이제 좀 익숙해지지 않았나요, 몸 없이 움직이는 게?"

하지만 나는 여전히 이상한 기분이었다.

축구장 안에 들어가니 수많은 관객이 스탠드를 가득 채우고 있었다. 선수들의 기량이 뛰어났다. 나는 잠시 지켜보다 신사에게 물었다.

"저 선수들은 프로 선수들인가요?"

"프로요?"

아차! 이곳은 프로도 없고 아마추어도 없다고 했지!

드디어 선수 중 한 명이 놀라운 발재간을 보이며 드리블을 한 끝에 골을 넣었다. 나는 나도 모르게 일어나 박수를 쳤다. 수많은 관객들 역시 큰 박수를 보내며 큰소리로 응원했다. 그리고 다음 순간, 믿을 수 없는 일이 일어났다. 실점을 한 팀의 선수들도 박수를 치며 골을 넣은 선수에게 달려가 부둥켜안기도 하고 몸을 치기도 하면서 축하를 해주는 것이 아닌가! 옆자리의 신사를 보니 당연하다는 듯 즐거워하며 박수를 치고 있었다. 이해할 수 없었지만 나는 일단 시합을 더 보기로 했다.

그 뒤로 시합이 끝나기까지 몇 골이 더 났지만, 어느 쪽이 골을 넣든 양 팀의 선수와 관객이 모두 즐거워하며 큰 박수를 보내기는 마찬가지였다.

축구장에서 나오며 내가 신사에게 물었다.

"이 나라에서는 상대 팀이 골을 넣었는데도 기뻐하네요?"

신사가 이상하다는 듯이 나를 바라보았다.

"네, 그것이 뭐가?"

예상은 했지만 신사의 반응에 나는 어리둥절했다.

"우리 사회에서는 상대 팀이 골을 넣으면 억울해하거든요."

"네? 그건 왜요?"

"그건…… 골을 잃었으니까요."

신사는 이해할 수 없는 모양이었다. 혼란스런 머리로 내가 물었다.

"적이라든지 우리 편이라는 게 이곳에는 없나요?"

"그게 뭐예요?"

"승리를 다투는 것이니 당연히 적이 있고 내 편이 있을 거 아닙니까?"

"다툰다고요? 스포츠는 즐기면 되는 것 아닌가요?"

물론 스포츠는 즐기면 되는 것이긴 하다.

"하지만 이기는 것이 좋은 것이고, 선수들이라면 누구나 이기려고 경기에서 온 힘을 다 쏟는 거 아닌가요?"

"그런가요? 하지만 어느 쪽이 더 많은 골을 넣는가는 그렇게 중요한 문제가 아닌 것 같은데요."

서로 간에 꽤 큰 인식 차이가 있었다. 왜 그런지 생각하는 사이에 나는 두려운 사실 하나를 깨닫게 되었다.

그것도 교육 탓일지 몰랐다. 우리는 이기고 지는 것을 정하고, ○×를 치며, 어느 쪽은 되지만 어느 쪽은 안 된다고 생각한다. 그러나 이것은 대단히 단편적인 사고방식이며, 따라서 위험한 발상일 수 있다. 주변 사람들도 누구는 좋은 사람이고 누구는 나쁜 사람이라고 구분한다. 누구나 여러 가지 면이 있게 마련인데, 너무 쉽게 좋다 나쁘다로 나누고, 그걸 굳게 믿어버리는 것이다.

전쟁도 적과 자기 편을 나눔으로써 일어난다. 자기 편을 사랑하고 적을 증오하는 걸 당연하게 여기며 이에 대해 한 치도 의심하지 않는다. 우리나라든 다른 나라든 온갖 사람들이 한데 어울려 살기는 마찬가지인데, 상대국 사람들은 싸잡아서 모두 적이 된다. 그러나 나라마다 제각기 다른 사정이 있는 법이고, 사람마다 입장에 따라서 적과 자기 편이 완전히 다르지 않은가. 그런데 적과 자기 편으로 갈라버리면 상대 입장을 고려하는 건 불가능한 일이 되고 만다.

우리 사회에서는 또한 순위 매기기도 대단히 좋아한다. 1등, 2등, 3등…… 전혀 의미가 없다고는 할 수 없지만, 그것도 하나의 결과에 지나지 않는다는 걸 사람들은 잘 모른다. 비교할 수 없는 것을 비교해서 무리하게 평가하고 순위를 매기며 불필요한 경쟁을 만들어내는 일이 얼마나 많은가! 중요한 것은 결과가 아니라 거기에 이르는 과정일 것이다. 결과는 원인에 따라서 나타나는 것에 지나지 않고, 한 번 어떤 결과가 나왔다고 해서 그것이 언제까지나 변하지 않는 것도 아니다. 다음에 활용할 수 있도록 참고하고자 한다면, 그것은 결과가 아니라 원인 쪽일 것이다. 그리고 아무리 훌륭한 결과를 남겼다 하더라도 과거의 영광에만 매달리는 사람은 '지금'을 살아갈 수 없다.

순위 매기기는 남녀 관계에도 영향을 미치는 것 같다. 한 사람하고만 결혼해서 살아야 하는 사회에서는 결혼 절차를 밟은 단 한 사람 이외에는 모든 사람을 함께 살 수 있는 가능성에서 배제해야 한다. 다른 사람과 결혼하고 싶을 때는 이혼 수속을 통해 그때까지 함께 살아온 배우자를 또 배제해야 한다. 또한 이 제도 아래에서는 만약 배우자와 헤어지고 싶지 않다면 어느 쪽이든 죽을 때까지 자신의 배우자에게 첫 번째 사람으로 선택을 받지 않으면 안 된다. 그러나 실제로 결혼 관계에서 생기는 싸움이나 비극이 이 세상에는 얼마나 많은가. 이런 이유로 결혼 제도는 우리 사회를 대단히 살기 어렵게 만들고 부자연스럽게 만드는 요인의 하나가 되어버렸다.

우리는 사소한 일들로 얼마나 많이 신경을 마모시키며 살고 있는가. 자연계에는 없는 규칙들을 만들어놓고 그 안에서 얼마나 많은 고통을 받고 있는가. 또한 인류는 무리한 경제 성장을 추구하면서 지구 환경을 파괴해 모두를 파멸로 몰아가고 있지 않은가. 아무도 고통을 받고 싶지 않고, 아무도 죽고 싶지 않을 것이다. 하지만 왜 그런 행위들을 그만두지 못하는 것일까? 도대체 누가 무엇을 바라고 이런 세상을 만들고 있는 것일까?

어쩌면 보이지 않는 누군가가 자신들의 욕구를 채우기 위해서 세상을 이렇게 만들고 있을 가능성이 크다. 막강한 힘을 가진 그 어둠 속의 지배자가 이 사회를 조작하고, 우리는 그들의 지배를 받고 있는 것이리라. 도대체 그들의 정체는 무엇일까?

문득 신사를 바라보자, 그는 나를 향해 조금 난감해하는 듯한 표정으로 웃더니 먼 곳을 쳐다보며 천천히 눈을 감았다.

아니다! 이 세상을 만드는 것은 그들만이 아니다. 우리 모두가 좋은 세상을 바라며, 혹은 어쩔 수 없는 한계도 있겠지만 그래도 이 정도면 좋지 않을까 생각하며 행하는 크고 작은 온갖 일들이 사실은 지구와 인류의 미래를 방향 지어가고 있는 것이다. 세상을 움직이고 있는 것은 지배자가 아니다. 우리 자신의 매일매일의 선택과 행동에 의해서 세계는 움직이고 있는 것이다.

나는 어둠의 동굴에서 벗어난 것 같은 기분이 들었다. 신사를 보니 그는 여전히 눈을 감은 채로 있었다.

아무도 우리를 지배할 수 없다. 그렇다면 우리 모두가 이 사회의 부조리함과 부자연스러움을 깨닫고 궤도를 수정해서 우리의 미래를 더 나은 쪽으로 바꾸어갈 수 있을 것이다! 그렇다. 미래는 바꿀 수 있다!✤

❖ (옮긴이) 언젠가 《백 번째 원숭이》라는 그림책을 읽은 적이 있다. 한두 사람이 하는 작은 일도 하나둘씩 그것을 하는 사람이 늘어나다가 어느 날 그 숫자가 임계점을 맞으면 그 순간 그것이 전 세계의 보편적인 일로 바뀌어버린다는 내용의 메시지를 담은 그림책이었다. 그 책은 원숭이를 예로 들어서 그것을 이야기하고 있었다.

원숭이가 많아 원숭이 섬이라 불리는 섬, 일본 미야자키 현 남쪽 끝에 있는 고지마幸島라는 섬에서 일어난 일이다. 어느 날 이 섬에 사는 원숭이 한 마리가 고구마를 바닷물에 씻어 먹었다. 아무도 안 하던 행동이었다. 별난 짓을 한다고 비웃던 원숭이 중에 한둘이 시험삼아 그 흉내를 내보았다. 물에 씻은 고구마는 흙이 없어 먹기 좋았고 맛도 나았다. 그 뒤로 고구마를 물에 씻어 먹는 원숭이가 더 늘어났다. 그 숫자가 백 마리에 이르렀을 때 신비한 일이 벌어졌다. 바다 건너 200킬로미터나 떨어진 오이타 현 다카사키 산高崎山에 사는 원숭이들도 산마나 돼지감자를 캐면 물에 씻어 먹었던 것이다.

신사는 나를 보더니 고개를 끄덕이며 미소를 지었다.

몸을 벗어난 뒤부터 겪고 느낀 일이지만, 몸이 없는 상태에서는 마음을 읽을 수 있는 것 같았다. 나는 신사에게 물었다.

"혹시 이것이 죽었을 때의 상태와 같나요?"

"……자세히 말하기 어렵지만, 만약 그렇다면 어떨 것 같아요?"

나는 만약 죽는다는 상태가 내가 사라져 없어지는 것이 아니라 의식이 육체로부터 벗어나는 것일 뿐이라고 한다면, 그때는 무엇이 중요할지 생각해 보았다.

돈이나 재산은 아무리 많아도 몸이 사라지면 만질 수도 없고 쓸 수도 없다. 지위나 명예 같은, 이 세상에서 최고로 여기는 것들도 죽은 뒤에는 아무런 가치가 없다. 그러니 죽은 뒤에 의식이 남는다고 생각하는 사람과 그렇지 않은 사람은 가치관에서 큰 차이가 날 것 같았다.

몸은 사라지고 의식만 남는다고 하면, 그 의식이 어떤 것이냐가 그 사람의 모든 것이라고 할 수 있다. 그렇다면 그때는 의식이 어떤 상태여야 바람직하다고 할 수 있을까? 그 의식이란 것이 지금 이 세계에서 성장을 해나간다고 하면, 나는 이 세상에 있는 동안 어떻게 행동하며 살아야 하는 것일까? 또 내가 태어난 의미는 무엇이고, 사는 목적은 무엇일까?

❊

문득 정신을 차리니, 나는 내 방의 컴퓨터 앞에 앉아 있었다.

내 몸으로 돌아온 모양이었다. 나는 일어나서 벽을 만져보았다. 더 이상 손이 벽 속으로 들어가지 않았다. 현관문을 열고 바깥으로 나가보았다. 몸이 없을 때와 비교하면 집 밖으로 나가는 데에만도 상당히 시간이 걸렸다.

해가 지고 있었다. 나는 거리를 걸어보았다. 아, 저기 가고 있는 이는 아까 사무실에서 화를 내던 그 상사 아닌가! 그리고 옆에는 그 상사에게 욕을 먹던 부하 직원! 그런데 이번에는 둘 다 만면에 웃음을 짓고 있었다. 그 뒤로 일이 잘 풀린 모양이군! 두 사람은 상사의 부추김으로 어디론가 술이라도 한 잔 마시러 가는 것 같았다.

얼마 뒤였다. 이번에는 한 쌍의 남녀가 어깨동무를 하고 내 쪽으로 걸어왔다. 여성은 어디선가 본 적이 있는 얼굴 같았다. 아, 학교에 가지 않는 아이 때문에 힘들어하던 그 엄마 아닌가? 그러면 옆에 있는 남자는 남편? 둘 다 싱글벙글 웃으며 즐겁게 이야기를 나누며 걷고 있었다. 잘됐네. 아니, 잠깐! 저 사람은 남편이 아닐지도 모르잖아. 하지만 그런 건 아무래도 좋았다.

그때 어디선가 신사의 웃음소리가 들려온 것 같았다. 그런 느낌이 들었다.

노래 '돈이 필요 없는 나라'

돈이 필요 없는 나라가 된다면
하고 싶은 일을 하면 돼요.
내가 할 수 있는 일을 찾아
누군가를 위한 일을 하면 돼요.

돈이 필요 없는 나라가 된다면
갖고 싶은 것을 가지면 돼요.
누구나 뭐든지 가질 수 있으니
가진 것만으론 의미 없어요.

돈이 필요 없는 나라가 된다면
재산을 모으지 않아도 돼요.
언제나 뭐든지 얻을 수 있으니
지금 필요한 것만 가지면 돼요.

돈이 필요 없는 나라가 된다면
쓸 수 있는 건 안 버려도 돼요.
필요 없는 건 필요한 사람 주고
망가진 건 고쳐 쓰면 돼요.

돈이 필요 없는 나라가 된다면
경쟁은 하지 않아도 돼요.
누군가와 뭔가로 다투지 않고
필요한 건 서로 나누면 돼요.

돈이 필요 없는 나라가 된다면
많은 일이 줄어 한가해져요.
돈으로 마음을 감출 수 없으니
우리의 진짜 마음이 보여요.

(1)
돈이 필요 없는 나라가 된다면
하고 싶은 일을 하면 돼요.
내가 할 수 있는 일을 찾아
누군가를 위한 일을 하면 돼요.

돈이 존재하는 이 세상에서의 일이란 어떤 것이든 일을 하고 그 보수로서 돈을 받는 행위를 일컫는 경우가 많습니다. 하지만 돈이 필요 없는 나라에서는 누군가를 위해 혹은 무언가를 위해 하는 일은 모두 다 가치가 있는 일로 여깁니다. 예를 들면 우리 세계에서 자원 봉사에 해당하는 일이나 일반 가정에서의 가사와 육아 등이 그런 일입니다. 그것은 본래 우리 세상에서도 당연히 일로서 인정을 받아야 합니다. 하지만 현재의 경제 시스템 아래에서는 금전적인 보수를 받지 못한다는 이유로 일반적인 일과는 다르게 받아들여지고 있습니다.

돈이 필요 없는 나라에서는 봉사나 가사, 육아만이 아니라 직접 수입으로 이어지지 않는 많은 행위들이 훨씬 폭넓게 일로 인정을 받습니다. 그 사회에서는 자신이 할 수 있는 일을 찾아 그것을 일로 삼습니다. 개개인이 어떤 형태로든 세상에 공헌하고 싶다고 생각하며 행동함으로써 이루어지는 사회입니다.

돈이 없는 나라에서는 프로와 아마추어의 경계가 사라집니다. 왜 그럴까요? 돈이 필요 없는 나라에서는 우리 세계처럼 경제적인 이유로 자신의 재능을 키울 수 없거나 일을 할 수 없는 경우가 없습니다. 돈이 아니라 실력만이 존중받는 세계이기 때문에 사람들에게 인정을 받지 못하거나 필요하지 않는 행위는 자연스럽게 사라집니다. 당연히 직업에 의한 수입의 격차도 있을 리 없습니다. 자신의 재능과 능력, 개성에 맞는 일을 하면 되고, 모든 일은 평등하며 그 가치 또한 동일하게 인식됩니다.

돈이 필요 없는 나라에서는 자기가 바라지 않는 일을 할 필요가 없습니다. 자기가 보람이나 긍지를 느낄 수 있는 일을 골라서 하면 됩니다. 그런 나라에서는 사람들이 하고자 하는 일들이 모두 한쪽으로 몰리지 않을까 하고 우려하는 사람이 있을 수 있습니다. 하지만 나는 걱정할 게 없다고 생각합니다. 실제로 그런 사회가 되면 필요한 자리에서 필요한 사람이 저절로 일을 하게 되리라고 봅니다. 사람마다 좋아하는 게 다르니까요.

물론 돈이 필요 없는 나라는 구성원 모두가 사회에 도움이 되는 존재로 살고 싶다고, 남을 위해 내 힘을 다하며 살고 싶다고 생각하지 않으면 이루어질 수 없습니다. 현재로서는 생각하기 어려운 세계일지 모릅니다. 하지만 나는 실제로 그런 나라가 되면 그런 나라에 기꺼이 함께하겠다는 사람이 의외로 많지 않을까 생각하고 있습니다.

(2)
돈이 필요 없는 나라가 된다면
갖고 싶은 것을 가지면 돼요.
누구나 뭐든지 가질 수 있으니

가진 것만으론 의미 없어요.

돈이 필요 없는 나라에서는 무언가를 소유하고 있는 것 그 자체만으로는 의미가 없습니다. 적어도 무언가를 소유하고 있는 것만으로는 남보다 뛰어나다고 여길 수 없습니다. 어디까지나 그것을 소유하는 것이 어딘가에 도움이 된다거나 자신에게 진정으로 필요한 것일 때라야 소유는 의미가 있습니다. 이 점이 중요합니다.

아울러 돈이 필요 없는 나라이기 때문에 사람들은 물건이나 자원을 헛되이 사용하는 데 죄책감을 느낍니다. 한편 돈이 존재하는 나라에서는 자원이나 물건을 갖기 위해서는 돈을 지불해야 하기 때문에, 그것을 이유로 어떤 면에서는 자원이나 물건을 소홀히 해도 용서가 됩니다. 혹은 그런 것처럼 착각을 일으키지만 그것은 큰 잘못입니다.

돈이 있는 사회에서는 자신이 번 돈을 어떻게 쓰든 본인 마음이기 때문에 뭐라고 할 수 없습니다. 하지만 돈이 없는 나라에서는 자원을 함부로 쓰는 행위는 허용될 수 없습니다. 돈은 단순히 물건의 대용품으로서 사람 사이를 돌고 있을 뿐이지만, 자원은 한계가 있는 귀중한 것이기 때문입니다.

자원을 헛되이 낭비하지 않기 위해서는 필요한 최소한의 것들로 살아가는 삶을 생각해 보면 좋을 겁니다. 의식주와 관련해서 말하자면, 자신에게 어떤 옷이 필요한지, 어떤 음식을 어느 정도 먹으면 충분한지, 어떤 집에 살면 만족할 수 있는지 하는 점들을 깊이 생각해 볼 필요가 있습니다.

돈이 필요한 나라에서는 돈으로 자신을 나타냅니다. 그러므로 명품 브랜드의 옷이나 가방으로 치장하거나, 맛있고 비싼 식당을 찾아다니거나 하는 겁니다. 너무 먹고 살이 쪄서 다이어트로 고통을 받기도 하고, 좁은 토지를 서로 갖겠다며 많은 돈을 빚내기도 합니다. 그 돈을 벌기 위해 무리한 일을 하고, 건강을 잃고, 수명을 줄입니다. 우리는 도대체 무엇을 위해 일하며, 그 결과 무엇을 얻고자 하는 걸까요?

부자로 살고 싶다는 바람은 돈이 존재하는 이 세상에서나 있음직한 욕망입니다. 같은 수준의 생활을 하더라도 돈이 없는 나라에서는 그 만족도가 훨씬 더 높습니다. 돈이 필요 없는 나라에서는 같은 물건이라도 훨씬 더 감사한 마음으로 소중하게 그 물건을 사용하고, 이미 충분하다는 걸 알며 살아갑니다. 돈이 필요 없는 나라에서는 물질적으로도 정신적으로도 여유가 있기 때문에 생활 수준도 저절로 높아집니다. 자유로운 연구와 개발로 기술은 진보하지만, 사람들은 꼭 필요한 물건만 소유하고자 합니다. 허세가 없습니다.

(3)

돈이 필요 없는 나라가 된다면
재산을 모으지 않아도 돼요.
언제나 뭐든지 얻을 수 있으니
지금 필요한 것만 가지면 돼요.

세상 사람들은 하나같이 더 많은 재산을 모으려고 합니다. 그 방법은 은행에 예금을 하거나, 주식에 투자하거나, 집이나 토지와 같은 부동산을 사두는 것입니다. 어느 것이든 경제적 가치 및 그 가치의 영속성, 만일의 경우에 대비한 환금성換金性 등을 갖추어야 한다고 사람들은 믿습니다. 왜 사람들은 그런 발상을 하는 것일까요? 거기에는 물론 허영심 같은 심리도 작용하겠지만, 가장 큰 이유는 현재 우리 사회가 돈이 없으면 살아갈 수 없는 경제 시스템 위에 세워져 있기 때문입니다. 어느 정도 재산을 갖고 있지 않으면 불안한 것입니다. 하지만 돈이 존재하는 사회에서는 여유를 가질 만큼의 기본 수입조차 얻기가 좀처럼 쉽지 않습니다.

어느 정도까지 모아두면 된다고 하는 기준도 없습니다. 불공평한 사회 구조와 개인의 욕구가 함께 작용하면서 있는 사람들에게 돈이 더욱 쏠리게 되고, 그 결과 빈부의 차이가 발생하게 됩니다. 재산을 모으면 이번에는 잃어버리지 않을까 걱정하지 않으면 안 됩니다. 그러므로 사람들은 돈이 있건 없건 비록 정도의 차이는 있지만 늘 경제적인 불안감을 안고 살아갈 수밖에 없습니다.

돈이 필요 없는 나라에서는 돈이 없어도 필요한 물건은 필요한 때에 얼마든지 구할 수 있습니다. 그러므로 지금 필요한 것 이외의 것은 가질 필요가 없습니다. 만약의 경우를 대비해 저금을 할 필요도 없고 보험을 들 필요도 없습니다. 갑자기 자신이나 가족 중 누가 크게 아파도 적어도 경제적인 걱정은 전혀 할 필요가 없습니다.

경제적인 불안은 현재 우리에게 상당한 부담으로 작용하고 있습니다. 만약 돈 걱정이 사라진다면 인간의 고민은 적어도 반 이상 줄어들 것이며, 사람들의 표정은 지금보다 훨씬 온화해지고, 몸도 건강해질 것이 틀림없습니다.

(4)
돈이 필요 없는 나라가 된다면
쓸 수 있는 건 안 버려도 돼요.
필요 없는 건 필요한 사람 주고
망가진 건 고쳐 쓰면 돼요.

현재의 경제 체제에서 우리는 물건의 생산과 판매를 통해 돈을 벌려고 합니다. 그것이 모든 일의 목적입니다. 잘못된 생각입니다. 그런 생각은 우리 스스로의 목을 조르는 원인이 될 뿐입니다.

예를 들어 회사라는 조직은 수익을 제일 목적으로 두고 경영을 해나갑니다. 모든 회사가 전년보다 더 많은 매상을 올리는 것을 목표로 하고, 직원들을 몰아붙이며, 일을 늘리려고 하고 있습니다. 그 결과 직원들은 더 바빠지고, 그만큼 육체적·정신적인 피로로 고통을 받습니다.

돈이 존재하는 나라에서는 좋은 물건을 적당한 양만큼 만드는 데서 그치지 않습니다. 새로운 물건을 자꾸 만들어서 팔아야 합니다. 그러자니 소비자의 욕망을 부채질해야 합니다. 동시에 중고 물품은 부품 생산을 중단하거나 수리 비용을 높게 책정해, 망가지면 고치기보다는 새 것을 다시 사도록 만들어야 합니다.

그래서 우리 사회에는 쓰레기가 말할 수 없이 많이 생기고 있습니다. 최근 들어 사회 전체의 흐름이 자원의 재활용에 힘을 쏟는 쪽으로 가는 것처럼 보이지만, 불필요한 물건을 너무 많이 만드는 구조를 바꾸지 않는 한 문제는 해결이 안 되고 그대로 남게 됩니다.

돈이 필요 없는 나라에서는 되도록 일을 줄이는 쪽으로 생각을 합니다. 일이란 필요한 것이라면 의미가 있지만, 꼭 필요한 일이 아니라면 없애는 쪽이 좋습니다. 여유가 있다면 쉬는 게 좋습니다.

한편 나에게 소용이 다한 물건은 그것이 필요한 사람에게 주면 됩니다. 수리나 재활용 또한 당연하게 이루어져서 마치 새 물건처럼 재활용품이 돌아갑니다. 그런 사회에서는 새로운 자원을 찾아 땅을 파헤칠 필요가 별로 없습니다. 그러므로 자연을 덜 파괴하면서 사회가 굴러갑니다.

(5)
돈이 필요 없는 나라가 된다면
경쟁은 하지 않아도 돼요.
누군가와 뭔가로 다투지 않고
필요한 건 서로 나누면 돼요.

요즘 세상은 항상 다른 사람들과 경쟁하며 살지 않으면 안 됩니다. 시스템이 그렇게 되어 있습니다. 학교 교육의 목적도 우열을 나누고 순위를 정한다는 측면이 크지 않나요? 그 때문에 특히 고등학교에 진학하면 그다지 필요하지 않은 지식까지 배우지 않으면 안 되는 이상한 일이 벌어지고 있습니다.

본래 학문이란 자유롭게, 각자 자신이 바라는 지식과 지혜를 얻기 위해서 하는 것입니다. 어느 정도의 의무 교육은 필요하지만, 원하지 않는 사람에게 강제로 시킬 필요는 없습니다. 그리고 모두에게 획일적인 교육을 시행하려는 데서 무리가 생기고 학교 폭력 같은 일이 일어나는 게 아닐까요?

또 수많은 학생들이 이른바 상위권 대학교에 가고 싶어 하는 것은 무엇보다도 학교를 나온 뒤 보수가 좋은 회사에서 일하고 싶다는, 고액의 연봉을 주는 회사에 들어가고 싶다는 이유가 가장 클 것입니다. 그러니 이것은 지식과 지혜가 아닌 돈을 향한 학문입니다. 동기가 순수하지 않은 것이지요.

회사에 들어가서도 실적을 올리기 위해 동료들과 경쟁을 해야 하며, 좋은 결과를 낸 사람이 더 빨리 높은 지위에 오르고 더 많은 금전적 수입을 얻습니다. 입사하고부터 수십 년을 줄곧 서로 경쟁을 하지 않을 수 없는 것입니다. 고달플 수밖에 없는 구조입니다.

경쟁함으로써 플러스가 되는 일도 물론 있을 겁니다. 좋은 라이벌 관계로 서로를 발전시켜 간다면 다투는 것도 좋을 테지요. 하지만 경쟁은 기본적으로 누가 이기는지를 정하기 위한 것이기 때문에 그 과정에서 경쟁 관계에 있는 사람들에게 온갖 고통을 안겨줍니다. 이 세상에는 경쟁에 지쳐 육체와 정신에 병이 든 사람이 많이 있습니다.

하지만 돈이 존재하지 않는다면 어떻게 변할까요? 장래의 수입을 목적으로 하는 공부를 하지 않아도 되겠지요. 무리하게 대학에 가려고 할 필요도 없습니다. 학생들은 일찍부터 자신의 능력과 개성을 살릴 수 있는 일을 찾으면 됩니다.

학문을 깊이 연구하고 싶은 사람은 그 길을 가면 됩니다. 입학 희망자가 많은 학교는 입학 인원을 늘리면 되기 때문에 그 학교에 가고 싶어 하는 학생이 운 나쁘게 입시에 떨어지는 일은 없습니다.

회사도 실적 경쟁을 통해 사원들이 서로 다투게 한다거나, 회사들 간에 서로 발목을 잡음으로써 함께 고통을 받는 일도 없습니다. 모든 사람이 순수하게 누군가에게 혹은 무엇인가에 도움이 되는 일을 하기만 하면 됩니다. 지위는 수입과 관계가 없기 때문에, 어디까지나 각자의 자질에 따라 역할을 분담한다는 인식이 자리를 잡게 될 것입니다.

세상에 돈이 존재하지 않게 되면 전쟁도 사라질 것입니다. 전쟁의 원인은 소유욕과 물욕에 있다고 나는 생각합니다. 자원은 모든 인간의 공동 재산입니다. 누구의 것이라는 게 없고, 필요로 하는 사람이 헛되지 않게 쓰면 되는 것입니다. 그렇게 되면 결국 국경도 사라지지 않겠습니까?

(6)
돈이 필요 없는 나라가 된다면
많은 일이 줄어 한가해져요.
돈으로 마음을 감출 수 없으니
우리의 진짜 마음이 보여요.

현재의 세상에서는 돈을 통해 자신의 마음을 표현하는 것이
가장 흔하고 쉬운 방법입니다. 관혼상제를 비롯하여 출산, 입
학, 취직 등을 축하할 때에도, 아파서 입원해 있는 사람을 위로
하러 방문을 할 때도 우리는 자신의 마음을 돈으로 표현하는
일이 많습니다.

회사에서는 좋은 실적을 낸 사원에게 포상금을 주고, 경기가
좋은 때는 모두에게 금일봉을 주기도 합니다. 누군가가 전근을
가거나 퇴직을 하면 전별금을 주기도 하고요.

누구나 돈을 받으면 싫어하지 않고, 자기 마음을 표현하기에
가장 손쉬운 것이 돈이라고 생각합니다. 그러나 이것은 돈이 존
재하는 세계의 일일 뿐입니다. 돈이 필요 없는 나라에서는 있
을 수 없는 방식입니다.

돈으로 자신의 마음을 표현하는 게 습관이 되어버리면, 돈이 없으면 자신의 마음을 나타낼 길이 없다고 생각하게 될지도 모릅니다.

그러나 지금의 돈 거래는 편리한 면만 있는 것이 아닙니다. 상당히 성가신 면도 있습니다. 긴 눈으로 본다면 나가는 금액과 들어오는 금액은 거의 같게 될 것입니다. 관혼상제 등으로 받은 돈은 그만큼을 돌려주는 게 관행 아닌가요? 그렇다면 처음부터 주고받지 않는 것이 좋지 않을까요? 하지만 그렇게는 되지 않는 것이 이 세상인 것 같습니다.

돈은 벌금 등 죄에서 구제되는 수단으로도 사용됩니다. 벌금을 내서 피해자에게 보상이 되면 더 이상 죄를 추궁받지 않지요. 그러나 돈을 냈다고 죄가 사라지는 것은 아닙니다. 이 또한 이 세상이기 때문에 가능한 이상한 방식이라고 생각합니다. 만약 죄를 지었다면 그 원인 규명과 가해자의 진심어린 반성 없이는 해결이 이루어질 수 없습니다.

이 세상에서는 돈 말고도 여러 가지 것들을 빈번하게 주고받습니다. 생일이나 기념일, 크리스마스, 새해 등을 맞아 마음을 표현하는 방식으로 돈이 아닌 이런저런 선물을 주기도 합니다. 그리고 선물에 조금이라도 의미를 주고 싶을 때에는 그 성격에 맞는 적절한 물건을 사용합니다. 물건은 돈과 달라서, 예컨대 상대가 구하기 어려운 것을 선물한다면 그 의미가 남다를 수 있습니다.

돈이 필요 없는 나라에서도 그런 목적으로 선물을 하는 경우들이 있습니다. 그러나 그 나라에서는 그 가치를 금액으로 환산하지 않습니다. 돈에 의해 선물의 가치가 정해지지 않는 거지요. 그러므로 이 세상처럼 고가의 선물에 마음을 빼앗기는 일 따위는 없습니다. 어디까지나 선물한 사람이 자신에게 그 물건을 준 마음만 보는 것입니다.

돈이 필요 없는 나라에서는 주고받는 것 자체에는 의미가 없기 때문에 형식적인 물건 거래는 없습니다. 누구나 간단하게 손에 넣을 수 있는 것이나 필요 없는 물건을 서로 주고받을 필요는 없는 것이고, 주지 않는다고 해서 기분이 상하거나 하는 일도 없습니다.

'돈이 필요 없는 나라' Q&A

Q 인간의 의식이 현재보다 더 높아지지 않는 한 돈이 필요 없는 나라를 만들기는 어렵지 않을까요?

A 돈이 필요 없는 나라를 실현하기 위해서는 반드시 구성원 전체의 의식이 높아질 필요가 있습니다. 그러나 나는 그중 일부 사람들만 의식이 높아져도 실현될 가능성이 있다고 봅니다. 예를 들면 20퍼센트의 사람들이 진심으로 돈이 없는 사회를 바란다면, 반대하는 사람이 20퍼센트가 있다고 해도 관계없지 않을까요? 왜 그럴까요? 남은 60퍼센트의 사람들은 어느 쪽으로도 바뀔 가능성이 있기 때문입니다.

그리고 일단 돈이 없는 사회로 바뀌면 더 이상 돈이 통용되지 않기 때문에 이를 반대하는 사람들도 따르지 않을 수 없고, 머지않아 그들도 돈이 없는 사회의 좋은 점을 이해하게 될 것이 분명합니다. 돈이 없는 사회가 살기 좋을 것은 틀림없기 때문입니다. 이를 거부할 이유가 없다는 걸 금방 알게 될 거예요.

또 가장 중요한 것은 실현에 앞서 자신의 마음속에 돈이 없는 사회를 먼저 세우고, 그것을 늘 판단 기준으로 삼으면서 현실 사회를 사는 것이라고 나는 생각합니다.

Q 당신은 어떻게 '돈이 필요 없는 나라'라는 발상을 하게 되었요?

A '돈이 필요 없는 나라'를 주제로 강연이나 연극을 할 때면 자주 듣는 질문입니다. 나는 30년 이상 월급 생활자로 살고 있는데요, 《돈이 필요 없는 나라》라는 책을 쓴 것은 회사에 들어가고 10년이 조금 넘은 서른다섯 살 때입니다. 나는 한 광고 회사의 아트 디렉터로서 광고를 기획·제작하는 일을 하고 있습니다. 하지만 때로 제작비 견적서나 계산서 등을 작성하지 않으면 안 되는 경우들이 있는데 그럴 때마다 돈과 관련된 일을 하는 게 아주 답답하고 싫었어요.

그러던 어느 날 돈이란 먹을 수 있는 것도 아니고, 무언가와 교환하지 않으면 의미가 없는, 그 자체로는 아무런 가치도 없는 것으로 그저 이 사람 저 사람 사이를 돌아다니고 있을 뿐이라는 걸 알았습니다. 그렇다면 모두가 무상으로, 무보수로 일을 하면 돈 따위는 없어도 되지 않나, 돈이 사라지면 얼마나 편해질까 하는 생각이 번개처럼 들었죠.

본래 돈이란 게 자연계에는 존재하지 않는, 인간이 생각해 낸 도구에 지나지 않잖아요? 인간 사회에만 돈이 필요한 것은 그런 구조를 인간 자신이 만들었기 때문입니다. 돈이 사라지면 세상은 크게 바뀌고, 일에서 요구되는 내용이나 방식도 지금과는 크게 바뀌리라고 생각합니다. 그렇게 지옥이 그 즉시 천국으로 바뀔 수 있지 않을까 하는 생각이 정말 번개처럼 저의 온몸을 흔들었어요.

그런 일별—瞥이 있고 나서 돈이 전부가 되어 있는, 이 돈 중심의 사회를, 이 지옥을 천국으로 바꾸고 싶어서 쓴 것이 《돈이 필요 없는 나라》입니다. 그 이전에 명상을 통해 천국에는 돈이 없다는 걸 알고 있기도 했고요.

Q   돈이 필요 없는 나라에서는 돈 대신에 다른 무언가를 서로 빼앗거나 하게 되지는 않을까요?

A   인간은 돈이 없어져도, 돈 없는 세상이 되어도 돈 아닌 다른 것을 서로 빼앗으려고 하지 않겠느냐는 질문이죠? 그렇다면 예를 들어 먹을 것이나 물 등이 부족하다면 사람들은 그것을 서로 빼앗을까요 아니면 서로 나눌까요? 그것은 아마도 사람들의 의식 수준에 따라서 달라질 겁니다. 또한 옛날처럼 무력으로 영토를 서로 빼앗으려고 하는 일이 일어나지 않으리라고 단언하기도 어렵고요. 하지만 나는 지구 전체의 상황을 내

마을의 일처럼 한눈에 파악할 수 있게 된 오늘날, 더욱이 돈이 존재하지 않는 세계에서는 그런 일이 일어날 가능성은 거의 없다고 봅니다.

Q 세상에는 나쁜 사람도 있게 마련인데, 돈이 없는 사회란 거의 불가능한 상상이 아닐까요?

A 돈이 필요 없는 나라는 사랑과 신뢰와 봉사의 정신으로 이루어진 사회일 텐데, 그런 정신이 부족하거나 없는 사람이 있으면 이루어지기 어렵지 않겠느냐는 질문이군요.

틀림없이 돈이 없는 나라는 사람들의 의식이 어느 정도 이상의 수준에 이르지 않으면 이루어질 수 없을지 모릅니다. 그러나 이 나라에는 돈이 없기 때문에 돈과 관련된 일로는 나쁜 일을 하고자 해도 할 수가 없습니다.

현대 사회는 돈의 지배를 받는 사회, 온갖 일의 본질적인 가치를 잃어버리고 있는 사회입니다. 하지만 만약 돈이 없는 사회가 되면 이른바 '나쁜 사람'들도 많이 바뀌게 될 거예요. 왜냐하면 원래부터 그 사람들이 나쁜 것이 아니라 사회 구조가 그 사람들을 그런 쪽으로 몰았다고 볼 수 있기 때문입니다.

돈이 없는 나라가 되면 모두 그 가치관 속에서 살 수밖에 없기 때문에 누구나 의식이 저절로 바뀔 겁니다. 먼저 자신이 돈이 필요 없는 나라에서 살 수 있는 인간이 되는 것이 우선이라고 나는 봅니다.

Q 돈이 필요 없는 나라는 공산주의와 같지 않나요?

A 나는 공산주의에 관해서는 잘 모릅니다. 돈이 없는 사회는 기본적으로 아무도 재산을 소유하지 않고 모두가 평등한 사회입니다. 그러므로 이상으로 삼고 있는 것은 공산주의에 가까울지 모릅니다. 하지만 돈이 없는 나라에는 국가도 정부도 존재하지 않고 지배하는 사람도 없기 때문에 이 사회는 현실의 공산주의와는 전혀 다른 사회입니다.

Q 인간의 욕망은 없앨 수 없는 것이고, 따라서 돈이 없는 나라는 이루어질 수 없는 게 아닐까요?

A 인간의 욕망이란 무엇일까요? 나는 어려운 것은 잘 모릅니다만, 인간의 가장 큰 욕구는 식욕과 성욕이라고 생각합니다. 그 밖에 예를 들어 돈이 많았으면 좋겠다는 욕구는 돈이 존재하지 않으면 생길 수 없는 것이고, 소유욕도 돈이 없으면 줄어들거나 사라지지 않겠어요? 지배욕도 돈이나 소유라는 개념이 없으면 생기지 않지 않을까요? 물론 이런 것은 인간의 의식 수준의 문제일지도 모르겠습니다만.

그 반면에 식욕은, 돈이 없는 나라에서는 모든 것이 공짜이기 때문에 먹고 싶으면 얼마라도 먹을 수 있습니다. 먹을 것은 필요한 만큼 재배하기 때문에 부족해지는 일이 없습니다. 하지만 아무리 공짜라고 해도 보통 사람이 2인분이나 3인분의 음식을 먹지는 못하겠지요.

성욕은 어떨까요? 결혼 제도 등이 없는 이 세계에서는 지금보다 자유스럽게 이성을 만날 수 있기 때문에 성욕 또한 충분히 채울 수 있다고 봅니다.

몸을 갖고 사는 이상 식욕이나 성욕은 어느 정도 필요할 것입니다. 그것을 지금보다 더 잘 충족시킬 수 있는 것이 돈이 필요 없는 나라입니다.

Q 돈이 없는 사회가 된다는 건 물물교환의 사회가 된다는 말인가요?

A 돈이 사라지면 물물교환을 해야 하지 않겠냐는 질문인 거죠? 그것은 사람들의 의식 수준에 따른 것일지 모르겠습니다만, 이상적으로는 교환 같은 것은 없습니다. 모든 것은 줄 뿐입니다. 소유라는 개념도 없기 때문에, 자신의 것을 준다는 의식도 없고 일절 돌려받으려고도 하지 않습니다. 모든 것은 필요로 하는 사람에게로 흘러갈 뿐입니다.

돈이 생긴 것은 아주 오랜 옛날 물물교환을 하다가 늘상 물건을 가지고 다니기가 불편하니까 뭔가로 대신하자는 생각에서였을 겁니다. 나는 원래 이런 물물교환을 하지 말았어야 했다고 봅니다. 그 시대에는 그것이 어쩔 수 없는 길이었다고 해도, 그 한계를 안 지금에는 물건을 교환하는 것이 아니라 '모든 것은 줄 뿐'이라는 의식으로 충만한 사회를 만들고자 노력해야 할 것입니다.

Q 원시 생활로 돌아가자는 건가요?

A 내가 생각하는 돈이 없는 나라는 기본적으로는 현재와 다르지 않습니다. 돈이 사라지고, 돈 거래를 하지 않는다는 점이 다를 뿐이죠. 그러므로 물질적으로는 아무런 부족도 없고, 문명도 결코 후퇴하지 않습니다.

다만 현재의 선진국들과 같은 생활을 계속 해서는 자원 고갈과 환경 파괴를 피할 수 없다는 점에서 지금 같은 생활 방식을 바꾸지 않을 수는 없겠죠. 그러나 현재는 돈을 벌기 위해 온갖 분야에서 커다란 낭비가 일어나고 있기 때문에, 그런 낭비가 사라지면 상황은 크게 바뀔 거라고 봅니다.

Q 돈이 없는 나라에서는 누가 가까운 친족인지 모르기 때문에 근친혼이 늘어날 우려가 있지 않을까요?

A 돈이 없는 나라에는 결혼 제도 자체가 없으므로 근친혼이라는 말이 성립할지 모르겠네요. 아무튼 질문의 요지는 호적도 없고 누가 친족인지도 모르는 상황에서 일가친척인 사람과 연애를 하거나 자식을 낳는 일이 있을 수도 있지 않느냐는 거죠?

지금도 일일이 호적을 조사하지 않아도 누가 친족인지 정도는 알고 있는 것처럼, 호적이 없는 사회가 되어도 그 점은 변함이 없을 겁니다. 그리고 친족인지 아닌지 알 수 없을 정도로 서로 먼 관계라면 후손을 만들어도 문제없지 않을까요?

물론 결혼 제도가 사라지면 친족인지 아닌지 따지지 않고 관계를 갖는다거나, 태어난 아이가 누구의 자식인지 모르는 경우가 생길 수도 있겠지요. 그러나 돈이 없는 나라에서는 상대가 원치 않는데 무리하게 관계를 가지면 범죄가 되고, 동의 아래 관계를 가졌다면 그 결과에 대한 책임은 당사자 둘에게 있습니다.

정해진 규칙이 없다는 것은 모든 것을 자신의 판단과 책임 아래 하지 않으면 안 된다는 뜻이기도 합니다. 어떤 면에서는 더욱 엄격하다고 할 수 있습니다.

Q 모두 하기 싫어하는 이른바 3D 직종의 일은 누가 하나요?

A 돈이 필요 없는 나라가 되면 3D, 곧 '힘들고difficult, 더럽고dirty, 위험한dangerous' 일들을 할 사람이 없지 않겠느냐는 질

문입니다. 현재 3D에 해당하는 일을 하는 분이 돈 때문에 하고 계신다면 그런 분은 돈이 없는 나라에서는 그 일을 하지 않겠지요. 하지만 나는 남들이 싫어하는 일이라도 그 일이 사회에 필요하다면 할 사람이 반드시 있으리라고 봅니다.

돈이 없는 나라가 되면 오직 돈벌이를 위해서 혹은 돈을 움직이기 위해서 존재했던 일들이 사라지기 때문에 전체 일의 종류와 양은 격감할 것입니다. 현재 3D에 해당하는 일들도 어떤 형태로 어느 정도나 남을지는 알 수 없지만 그 사회에서는 낭비가 없고 사회에 꼭 필요한 일만 남게 될 것입니다. 낙천적인 생각인지 모르지만 그런 일이라면 누군가 자진해서 하려고 하는 사람이 있을 겁니다.

추천의 글

내가 이 책의 저자인 나카지마 류진 씨를 만난 것은 2005년 4월 아이치愛知 만국박람회(2005년에 일본 아이치 현에서 열렸다. '자연의 예지'를 메인 테마로 하고 '지구 대교류'를 콘셉트로 한 박람회로, 일본 역사상 최다인 120여 개국이 넘는 국가가 모였다—옮긴이)에서입니다.

그곳에서 이 책의 내용을 주제로 한 그의 촌극을 보았습니다. 한마디로 충격이었습니다. 그리고 온몸으로 웃음이 터져 나왔지요.

통쾌! 정말 통쾌했습니다!

돈이 없다면 정말로 현대 사회의 문제점이나 모순(고생, 트러블, 범죄, 분쟁, 전쟁, 빈곤, 환경 파괴 등)을 모두 해결할 수 있겠다는 확신이 들었습니다.

이 책은 현대 사회가 안고 있는 문제와 모순을 또렷하고 명쾌하게 깨닫게 해줍니다. 여기에 씌어 있는 것 모든 것이 놀라움 그 자체입니다. 충격과 감동의 연속입니다. 이 책의 모든 것이 "그래! 그렇구나!" "왜, 그걸 몰랐지!" 하는 놀람의 연속이라는 말입니다.

이 책은 막다른 골목에 몰려 있는 현대 사회에 새로운 희망과 용기를 들려주고 있습니다. 당신도 이 책의 주인공이 되어, 이제까지 본 적이 없는 세계를 즐기면서 이 세상에 희망을 노래해 주시기 바랍니다.

다카기 요시유키高木善之

(NPO법인 네트워크 지구촌地球村 대표)

메시아가 온다면

1

나는 이 책과 어떻게 만났나?

일본에 데바지마라는 섬이 있다. 태평양에 안긴 작은 섬이다. 1,200킬로미터 시코쿠 순례 길에서 나는 그 섬을 만났다. 순례 길에서 멀지 않은 곳에 있지만 가지 않아도 되는 그 섬에 나는 왜 갔나?

그 섬에는 자동차가 없다 했다. 그것이 첫째 이유였다면 두 번째 이유는 한 사람이었다. 그는 그 섬에서 게스트하우스를 운영하며 바다 사진을 찍는다고 했다. 그를 만나보고 싶었다. 작을 것이 분명한 그의 삶이 보고 싶었고, 그의 바다와 섬 이야기를 듣고 싶었다.

하지만 그는 섬에 없었다. 뭍에 일이 있어 나갔다 했다. 아쉬웠지만 그 덕에 그의 눈이 아니라 내 눈으로 섬을 더 많이 볼 수 있었다. 1박2일 동안 섬 전체를 돌아보았다. 섬사람들과도

친해졌다. 다나카 유키토시 씨 부부는 내게 저녁밥을 주었고, 태평양은 그 곁에서 잠든 내게 밤새 노래를 불러주었다.

그 뒤로 자동차 있는 세상이 시끄럽게 느껴질 때나 어디론가 떠나고 싶은 때면 나는 그 섬에 간다. 인터넷을 통해 가고, 가서 본다. 그 섬을, 혹은 그 섬을 안고 있는 태평양을, 때로는 그 섬에 사는 사람들의 소식을 듣기도 한다.

그 인터넷 여행에서 나는 이 책《돈이 필요 없는 나라》를 만났다. 그는 그 섬을 '돈이 없어도 살 수 있는 곳'으로 만들고 싶다고 했다. 자연주의자이자 우동 연구가인 그는 진지했다. '돈이 필요 없는 섬'이라는 이름 아래 자세하게 자신의 꿈을, 그리고 함께할 사람의 참여 방식까지 꼼꼼하게 적어놓고 있었다.

그 글에서 만났다. 그에게 돈이 없는 섬이라는 영감을 준 게 이 책《돈이 필요 없는 나라》라는 것을.

돈이 필요 없는 나라라니!

도대체 어떤 내용일까? 나는 그 책을 손에 넣기 위해 책방에 가지 않을 수 없었다.

2

돈이 없는 나라!

과연 가능할까? 아무도 그게 가능하리라고 생각하지 못한다.

아니, 생각조차 해본 적이 없으리라. 하지만 정말 불가능할까?

아니다. 돈이 없이도 잘 살아가는 공동체가 현존해 있다. 미국의 브루더호프Bruderhof 공동체가 그렇다. 세계 여러 나라에 다섯 군데 지부가 있다. 그곳만이 아니다. 일본의 애즈원as one 공동체도 돈 없이 움직인다.

어떻게 할까?

함께 일한다. 농장이 있고, 공장이 있다. 수입과 급료는 모두 센터로 들어간다. 생필품은 공동체 안에 있는 상점에서 공짜로 가져다 쓴다. 이름만 적는다. 여행비처럼 그밖에 필요한 돈이 있을 경우에는 센터에서 타서 쓴다. 기본적으로는 돈 없이 산다. 돈을 가질 필요가 없다.

당연히 이 두 공동체는 돈이 있는 사회보다 훨씬 행복하다.

나라는 어떨까? 스웨덴을 비롯하여 덴마크, 노르웨이, 핀란드, 아이슬란드 등의 북유럽 국가는 행복지수가 높다. 모두 상위 10개국 안에 든다. 그 까닭은 무엇일까?

이 나라에서는 학교를 다니는 데 돈이 들지 않는다. 모두 무료다. 병원비도 공짜다. 혹은 매우 저렴하다. 아이가 태어나면 양육수당이 나온다. 그러므로 살아가는 데 돈이 그다지 필요 없다. 늙어서도 걱정이 없다. 누구에게나 노령 연금이 나오기 때문이다. 그것으로 품위를 잃지 않으며 살다가 죽음을 맞을 수 있기 때문이다. 돈에 연연할 이유가 없다. 황금 보기를 돌같이 할 수 있는 것이다.

3

"주라. 남김없이 다 내어주라. 다 주면 그 즉시 네게, 그리고 네 세상에 천국이 열리리라."

오래 전부터 거듭 받는 소식이다. 오래 걸을 때 그 소식은 내게 온다. 깊은 잠을 자고 났을 때 오기도 한다. 긴 시간 아무 일 없이 앉아 있을 때 오는 일도 있다.

미륵이 온다면, 그가 우리에게 와서 보여줄 것이 있다면 그 것은 돈 없이 사는 모습, 돈이 없는 세상일 거다. 메시아가 온다면 나머지 것은 앞서 온 선지자들이 다 써먹어 그것 말고는 보여줄 것이 없을 것이다.

하지만 어리석은 나는 우주에게 묻지 않을 수 없었다.

"그렇게 다 내어주면 뭘 먹고 살아요?"

우주가 큰소리로 껄껄 웃었다.

"그때는 세상이, 네 이웃이, 우주가 너를 먹여 살리지. 조금도

254

걱정하지 말게."

사실은 인간을 빼놓고는 모두 그렇게 산다. 새, 곤충, 크고 작은 동물, 나무, 풀이 그렇게 살고 있다. 날마다 그들이 감추지 않고 모두 보여주고 있다. 나는 보고, 알면서도 따르지 못한다. 그러므로 나는 벌레 한 마리만도 못하다. 나는 풀 한 포기만도 못하다. 내 닉네임이 '개구리'인 것은 그런 이유에서다. 나는 개구리처럼 살고 싶다. 개구리처럼 지구와 우주의 품 안에서 매인 바 없이 나를 노래하며, 지구를 해치지 않으며, 아니 지구를 더 아름답고 건강하게 만들며 살고 싶다.

2018년 봄
최성현

산티의 뿌리회원이 되어
'몸과 마음과 영혼의 평화를 위한 책'을 만들고 나누는 데
함께해 주신 분들께 깊이 감사드립니다.

뿌리회원(개인)

이슬, 이원태, 최은숙, 노을이, 김인식, 은비, 여랑, 윤석희, 하성주, 김명중, 산나무, 일부, 박은미, 정진용, 최미희, 최종규, 박태웅, 송숙희, 황안나, 최경실, 유재원, 홍윤경, 서화범, 이주영, 오수익, 문경보, 최종진, 여희숙, 조성환, 김영란, 풀꽃, 백수영, 황지숙, 박재신, 염진섭, 이현주, 이재길, 이춘복, 장완, 한명숙, 이세훈, 이종기, 현재연, 문소영, 유귀자, 윤홍용, 김종휘, 이성모, 보리, 문수경, 전장호, 이진, 최애영, 김진회, 백예인, 이강선, 박진규, 이욱현, 최훈동, 이상운, 이산옥, 김진선, 심재한, 안필현, 육성철, 신용우, 곽지희, 전수영, 기숙희, 김명철, 장미경, 정정희, 변승식, 주중식, 이삼기, 홍성관, 이동현, 김혜영, 김진이, 추경희, 해다운, 서곤, 강서진, 이조완, 조영희, 이다겸, 이미경, 김우, 조금자, 김승한, 주승동, 김옥남, 다사, 이영희, 이기주, 오선희, 김아름, 명혜진, 장애리, 한동철, 신우정, 제갈윤혜, 최정순, 문선희

뿌리회원(단체/기업)

주/김정문알로에 KIM JEONG MOON ALOE CO. LTD.   환경재단   design Vita   PN풍년

재단 법인 한국가족상담협회·한국가족상담센터   생각과느낌 소아청소년 성인 몸 마음 클리닉

경일신경과 I 내과의원   순수피부과 Soonsoo Skin Clinic   월간 풍경소리   FUERZA

이메일(shantibooks@naver.com)로 이름과 전화번호, 주소를 보내주시면 독자 회원으로 등록되어 신간과 각종 행사 안내를 이메일로 받아보실 수 있습니다.

전화 : 02-3143-6360 팩스 : 02-6455-6367
이메일 : shantibooks@naver.com